Die Ev.-Luth. Kirchgemeinde St. Petri Bautzen sucht zum nächstmöglichen Zeitpunkt
**einen Gemeindepädagogen/eine Gemeindepädagogin (100 % / unbefristet)
für die Leitung des Kinder- und Jugendzentrums TiK.**

Die Gemeinde ist mit 5000 Mitgliedern eine der größten der Ev.-Luth. Landeskirche Sachsens. Zur Gemeinde gehören 36 Mitarbeiter/innen, darunter ein zweiter Gemeindepädagoge für die Arbeit mit Kindern und Familien.

Die Kirchgemeinde wünscht sich eine/n kontaktfreudige/n, engagierte/n und teamfähige/n Gemeindepädagogen/in.

Zu den Aufgaben des künftigen Stelleninhabers / der künftigen Stelleninhaberin gehören:
– Leitung des Kinder- und Jugendzentrums TIK (Treff im Keller)
– Leitung der Jungen Gemeinde gemeinsam mit einem ehrenamtlichen Team
– Anleitung der hauptamtlichen und ehrenamtlichen Mitarbeiter/innen im TiK
– Konzeptionelle Weiterentwicklung des Arbeitsfeldes / Entwicklung von neuen Angebotsformen
– Vernetzung der Arbeit im kirchlichen und städtischen Kontext
– Fortsetzung der bewährten regelmäßigen und projektartigen Angebote in der Gemein

Wir bieten Ihnen:
– Eine vielfältige und engagierte Gemeinde.
– Ein kreatives Team und einen aufgeschlossenen Kirchenvorstand.
– Die Arbeit in einer lebenswerten und herausfordernden Stadt in der Oberlausitz.
– Sehr gute Arbeitsbedingungen im TiK und ein eigenes Büro.

Wir erwarten von Ihnen:
– Ein gemeindepädagogisches Diplom- oder Masterstudium oder
  einen vergleichbaren Abschluss in der Kinder- und Jugendarbeit.
– Berufserfahrung in der Kinder- und Jugendarbeit.
– Mitgliedschaft in der evangelischen Kirche

Wenn Sie Fragen haben, wenden Sie sich bitte an Pfarrer Christian Tiede (03591 369 713 / 0152 5590 5564)
Weitere Informationen: www.st-petri-bautzen.de, www.tik-bautzen.de
Bewerbungen erbitten wir bis zum 30.10.2015 an Ev.-Luth. Kirchgemeinde St. Petri, Am Stadtwall 12, 02625 Bautzen

---

Universal in kleinen und großen Gemeinden einsetzbar.

344 Seiten | mit zahlr. Abb.
Paperback | 14,5 x 21,5 cm
inkl. CD-ROM
ISBN 978-3-374-04079-7

€ 18,80 [D]

Herausgegeben von Adelheid Schnelle in Verbindung
mit Sabine Meinhold, Hanna de Boor und Claudia Bergmann

GOTTESDIENSTE MIT KINDERN

Handreichungen von Neujahr bis Christfest

Für jeden Sonntag des gesamten Jahres 2016 bietet diese in der Praxis bewährte und erprobte Arbeitshilfe komplett ausgearbeitete Kindergottesdienste nach dem Plan des Gesamtverbandes für Kindergottesdienst.

EVANGELISCHE VERLAGSANSTALT
Leipzig www.eva-leipzig.de

Bestell-Telefon: 03 41 7 11 41 16

EVANGELISCHE HOCHSCHULE FREIBURG

MASTER-STUDIENGANG SUPERVISION

als Studium oder Weiterbildung mit den Wahlschwerpunkten:

A. Systemtheorie und Konstruktivismus
B. Pastoralpsychologie

Sie studieren:

• berufsbegleitend in fünf Semestern mit 52 Präsenztagen in Freiburg
• praxisorientiert und wissenschaftlich fundiert
• mit Studierenden und Dozierenden aus verschiedensten Berufsfeldern
• von Fachverbänden (DGSv, DGfP, BSO) als Zugangsvoraussetzung anerkannt

Abschluss: **Master of Arts in Supervision (90 ECTS)**
Diploma Supplement in Supervision
Studienbeginn: Oktober 2016
Bewerbungsfrist: 01. Mai 2016

Studiengangsleitung: Prof. Dr. Kerstin Lammer I www.eh-freiburg.de/kerstin-lammer
Nähere Informationen unter: www.eh-freiburg.de/studieren
Kontakt: Irina Gutwin, Tel.:+49 (0)761 478 12 740 I gutwin@eh-freiburg.de

www.eh-freiburg.de
Staatlich anerkannte Hochschule der
Evangelischen Landeskirche in Baden

EVANGELISCHE LANDESKIRCHE IN BADEN

Internetadressen für PGP-Leser/innen

Zugänge

Praxis

Hintergründe

Materialien

Entwürfe

Gemeindepädagogisches Forum

Im Innenteil dieser Ausgabe befindet
sich das Jahresregister 2015.

Diese Ausgabe enthält zwei Beilagen:
Verlag Junge Gemeinde, Stuttgart,
Gemeinschaftswerk Evangelischer
Publizistik, Frankfurt/M.
Wir bitten um freundliche Beachtung.

VORWORT

Liebe Leserinnen und Leser,

Matthias Spenn,
PGP-Schriftleiter

diese Ausgabe erscheint auf dem Weg vom Sommer in den Herbst und Winter. Die Endlichkeit alles Irdischen wird hautnah spürbar: Blätter werden welk, die Tage werden kürzer. Im Jahreskreis wie auch in den Texten zum Kirchenjahr spielen Vergänglichkeit, Tod und Vorstellungen vom Ende der Welt zunehmend eine Rolle. Aber in den Zeugnissen des christlichen Glaubens werden diese Themen zugleich mit Vorstellungen von etwas ganz Anderem, etwas ganz Neuem verknüpft. In der Sprache des Glaubens ist dabei vom Reich Gottes die Rede, dass Gott sein Reich, seine Herrschaft, seine neue Welt errichtet. Die biblischen Vorstellungen vom Reich Gottes beziehen sich auf eine Zukunft nach dem Tod und jenseits des Endes dieser Welt. Zugleich verweisen sie auf die Gegenwart Gottes im Hier und Jetzt und dienen als Motivation, sich für eine bessere diesseitige Welt einzusetzen. Ja, von der Gewissheit ausgehend, dass Gott sein Reich bereits errichtet hat, bin ich gewillt, mich schon jetzt zu engagieren.

Da die unterschiedlichen Dimensionen der Vorstellung vom Reich Gottes sich gerade in den letzten Wochen des zu Ende gehenden Kirchenjahres wie auch in der anbrechenden Adventszeit verdichten und zu einem gewissen Höhepunkt in der Weihnachtsbotschaft gelangen, haben wir uns in der Redaktion entschieden, dies einmal in dem vierten Heft des aktuellen Jahrgangs zum Schwerpunktthema zu machen. Wir hoffen, Ihnen damit Anregungen zum eigenen Nachdenken zu geben und Lust zu machen, dieses mitunter sperrig anmutende Thema in der gemeindepädagogischen Praxis zu behandeln.

Zur Einstimmung auf das Jahr 2016 haben wir zudem zwei Beiträge zur neuen Jahreslosung – für die Arbeit mit Kindern und für die Arbeit mit Erwachsenen. Im Forum wird ein Impuls aufgenommen, der für die Zukunft gemeindepädagogischer und diakonischer Berufe wichtig ist: Eine Stellungnahme des Arbeitskreises Gemeindepädagogik e.V. zu einem EKD-Text zur Zukunft gemeindepädagogisch-diakonischer Berufsprofile.

In der Redaktion haben sich in den zurückliegenden Monaten auch wieder Veränderungen ergeben: Inga Teuber musste aus Gründen beruflicher Veränderungen leider ihre Mitarbeit beenden. Wolfgang Lange hat ebenso nach langjähriger Redaktionsarbeit aufgehört. Beiden sei herzlich gedankt für ihr Engagement! Neu begrüßen konnten wir Uwe Hahn, Bezirkskatechet in Leipzig.

Nun lassen Sie sich anstecken von der Hoffnung auf Gottes neue Welt, die in einer solchen Zeitschrift allenfalls ansatzweise erkundet werden kann …

Es grüßt Sie herzlich im Namen der Redaktion

Ihr *Matthias Spenn*

EINE KOSTBARE PERLE

Meditation zum Heftthema

Ulrich Lilie

Das Himmelreich gleicht einem Schatz, verborgen im Acker, den ein Mensch fand und verbarg; und in seiner Freude ging er hin und verkaufte alles, was er hatte, und kaufte den Acker. Wiederum gleicht das Himmelreich einem Kaufmann, der gute Perlen suchte, und als er eine kostbare Perle fand, ging er hin und verkaufte alles, was er hatte, und kaufte sie.

(Mt 13,44–46)

Die Erwartung eines Reiches Gottes als einer Zeit, in der »Gott König ist« (Ri 8,23), gehört zum Kernbestand der gemeinsamen jüdisch-christlichen Glaubenstradition. Das Neue Testament stellt die Hoffnung auf den kommenden Messias mitten in das Hier und Heute: »Das Reich Gottes ist mitten unter euch« (Lk 17,21). Es ist zugleich aber noch nicht vollendet und verborgen, so dass wir weiterhin bitten: »Dein Reich komme« (Mt 6,10). Matthäus nimmt diesen Spagat in seinem Gleichnis auf: Der Schatz, die Perle, das Himmelreich, Gottes Wirken, ist da. Ob es gefunden wird oder nicht? Es hängt nicht nur von uns ab. Gott sei Dank. Es begegnet uns verborgen unter der Last des Alltags, verborgen hinter dem Leidvollen und Schweren, verborgen inmitten der wachsenden sozialen Spaltung in unserem Land.

Es gibt viele Geschichten, die von Schätzen erzählen. Sie alle verbindet die eine Erfahrung: Das Finden eines Schatzes ist nicht selbstverständlich, es bleibt ein Glück und ein Geschenk. Matthäus vertraut auf das mögliche Geschenk: Es ist auch uns möglich, Schätze zu heben, die Gottes Wirken in der Welt erhellen. Immer, wenn das Evangelium auf diese Wirklichkeit trifft, entfaltet es – manchmal verborgen, manchmal überwältigend und faszinierend, zuweilen beschämend, oft tröstend – seinen Glanz.

Ein solcher verborgener Schatz findet sich im Potenzial von Menschen, die bereit sind, sich ehrenamtlich in Kirchengemeinden und diakonischen Einrichtungen mit anderen und für andere zu engagieren. Ihre verborgenen Fähigkeiten und Talente warten darauf, entdeckt und zum Vorschein gebracht zu werden. Reichtum fällt einem aber nicht einfach zu. Der Finder des Schatzes bzw. der Kaufmann im Gleichnis muss gewaltige Anstrengungen in Kauf nehmen, er geht hohe Risiken ein. Er gibt im wörtlichen Sinne alles. Es lohnt, solche Anstrengungen in Gemeinden und Einrichtungen zu unternehmen, um verborgene Talente zu Tage zu fördern. Hier liegen immense Schätze verborgen. Und mit ihnen nutzen wir die Chance auf einen enormen Relevanzgewinn für die Kirchengemeinden. Finden überraschend neue, wirkungsvolle Wege, eine womöglich verengte Perspektive gemeindlicher Arbeit wieder zu öffnen und zu weiten.

Der Kaufmann bzw. der Schatzfinder erweist sich neben allen Anstrengungen aber auch als glücklich, als offen für das Gute, das ihm einfach »zufällt«. Diese Zuversicht relativiert die Mühen unserer Schatzsuche und eine neue Perspektive: »Trachtet zuerst nach dem Reich Gottes und nach seiner Gerechtigkeit; so wird euch das alles zufallen« (Mt 6,33).

Ulrich Lilie ist seit 2014 Präsident der Diakonie Deutschland und stellvertretender Vorsitzender des Evangelischen Werkes für Diakonie und Entwicklung.

Das REICH GOTTES ist für mich ...

Sechs Antworten von Mitarbeitenden der PGP-Redaktion

Eine Ahnung vom Reich Gottes unter uns bekomme ich, wenn sich z. B. folgende Aspekte in Situationen zeigen:

R ichtungsweisend
E nergievoll
I nklusiv
C hancenreich
H eiter

G erecht
O ffen(siv)
T olerant
T alentorientiert
E mergent
S innvoll

Ich freue mich, wenn sich das Reich Gottes immer wieder im Leben »buchstabiert« ...

Christine Ursel

Meine Reich-Gottes-Gleichnisse? In Anlehnung an das paradoxe Gleichnis in Matthäus 25,14–30 zurzeit wohl solche wie dieses: Das Reich Gottes gleicht einem Mastschwein, das stundenlange Qualen leidet nach einem Dasein im lebendigen Massengrab, weil der Todesbolzen mal wieder nicht richtig getroffen hat. Aber die Bratwurst für nur einen Euro schmeckt vielleicht gut ...

Lars Charbonnier

Ich bemerke das Reich Gottes, wenn ich Gänsehaut bekomme, weil jemand sehr einfühlsam oder selbstlos handelt, wenn Versöhnung stattfindet, gute Nachrichten den Pessimismus bloßstellen.

Gleichzeit spüre ich das Reich Gottes, wenn ich merke, dass ich zum Handeln aufgefordert bin, dass ich etwas unternehmen muss, dass mich jemand braucht. Nicht immer gelingt mir das ...

Sophie Koenig

Es ist eine Sehnsucht in mir nach Veränderung, nach Gerechtigkeit. Es ist eine Sehnsucht in mir nach Ankommen, nach Geborgenheit. Meine Sehnsucht kennt einen Begriff dafür – Reich Gottes.

Reich Gottes heute und morgen!
Wer kennt diese Sehnsucht?
Wollen wir sie teilen?

Uwe Hahn

Das Reich Gottes leuchtet für mich immer wieder da auf, wo ich spüre: Hier begegnen sich Himmel und Erde. Es sind unverfügbare Augenblicke, die oft erst im Nachhinein erkennbar werden. Die biblischen Erzählungen berichten Ähnliches, wenn es heißt: »Hier ist Gott gewesen und ich wusste es nicht.« Ich habe diese verborgenen Erfahrungen in den vergangenen Jahrzehnten häufig in der Kirche St. Michael auf dem Schwanberg gemacht: in den Gottesdiensten, beim Singen der Stundengebete und am intensivsten beim Feiern der Eucharistie.

Das Sich-Berühren von Himmel und Erde kann sich aber ebenso auch im hektischen Alltag ereignen, denn: Gottes Reich ist mitten unter uns.

Petra Müller

Ich habe kein Bild vom Reich Gottes. Ich ertappe mich dabei, dass die Vorstellung vom Reich Gottes in dem Moment eine Rolle spielt, in dem ich die aktuelle Situation so empfinde, dass ich nach menschlichem Ermessen keinen Ausweg sehe.

Insofern ändert sich das Bild je nach Situation. Manchmal ist es auch ein Bild von völliger Zerstörung und Vernichtung. Aber es hat schon die Funktion einer psychischen Stimulans, vom ganz anderen her die Welt aus neuer Perspektive zu sehen – christlich gesprochen aus dem Geist Gottes – und Kraft zu erhalten, weiter zu leben und das Leben zu gestalten – wie auch immer.

Matthias Spenn

Das REICH GOTTES in den Gleichnissen Jesu

Thomas Knittel

1. Reich Gottes in der Verkündigung und im Wirken Jesu

Es ist ein weitreichender Konsens der neutestamentlichen Wissenschaft, dass die Botschaft vom Reich Gottes im Zentrum der Verkündigung Jesu steht. Nicht zufällig beginnt das öffentliche Wirken Jesu nach Markus mit der Ansage: »Die Zeit ist erfüllt, und das Reich Gottes ist herbeigekommen. Tut Buße und glaubt an das Evangelium!« (Mk 1,15).

Wenn es im Folgenden insbesondere um die Gleichnisse Jesu als einer besonders prominenten Form der Reich-Gottes-Verkündigung Jesu geht, so sollte darüber nicht aus dem Blick verloren werden, dass er diese Botschaft mit seinem gesamten Wirken bekräftigt hat. Wenn er mit den Sündern zu Tisch saß, verstand er dies als Ausdruck der Gottesherrschaft, die den Verachteten neue Würde schenkt, sie darin freilich auch zur Umkehr ruft. Wenn er Menschen heilte, war solches ein Zeichen der Machtergreifung Gottes. Auch die Berufung von Jüngern, die Streitgespräche sowie die prophetischen Zeichenhandlungen, wie etwa die sogenannte Tempelreinigung (Mk 11,15 ff.), gehören in diesen Zusammenhang.

Das Reich Gottes (bzw. Himmelreich bei Matthäus) wird in der Verkündigung Jesu nicht zuerst als ein Ort vorgestellt, was die von Luther gewählte Übersetzung nahelegen könnte. Das griechische »Basileia tou theou« bezeichnet vielmehr vor allem den Aspekt der Königsherrschaft Gottes. Schon im Alten Testament wird Gott als König gepriesen, etwa in der Berufungsvision Jesajas: »denn ich habe den König, den HERRN Zebaoth, gesehen mit meinem Augen« (Jes 6,5), oder in den Psalmen: »Der Herr ist König und herrlich geschmückt« (Ps 93,1). Freilich konkretisiert sich diese Herrschaft in einem Herrschaftsbereich, so dass in dem funktionalen Begriff Herrschaft auch räumliche Aspekte mitschwingen. Reich Gottes ist somit immer beides, Ausübungsweise und Erfahrungsort der Königsherrschaft Gottes. Gerade weil Jesus aber davor warnte, das Reich Gottes sozusagen dingfest zu machen, sollte der dynamische (und eben darin unverfügbare) Aspekt im Vordergrund stehen. »Das Reich Gottes kommt nicht so, dass man's beobachten kann; man wird auch nicht sagen: Siehe, hier ist es! oder: Da ist es! Denn siehe, das Reich Gottes ist mitten unter euch« (Lk 17,20b–21).

Um das Spezifische der Reich-Gottes-Verkündigung Jesu zu erfassen, ist es hilfreich, zunächst einen Blick auf jüngere Texte des Alten Testaments sowie auf die frühjüdische Apokalyptik (ab ca. 200 v. Chr.) zu werfen. Mehr und mehr wurde nämlich die Königsherrschaft Gottes als eine Zukunftshoffnung verstanden, während die Gegenwart eher von der Verborgenheit Gottes geprägt schien. Ausdruck dessen sind z. B. die jüngeren Schichten des Jesaja- oder Sacharjabuches, etwa Sach 14,9 (4./3. Jh. v. Chr.): »Und der HERR wird König sein über alle Lande. Zu der Zeit wird der HERR der einzige sein und sein Name der einzige.« In der frühjüdischen Apokalyptik kann man sich schließlich die Gottesherrschaft nur als etwas Jenseitiges und auf die gegenwärtige, zum Untergang bestimmte Welt Folgendes vorstellen. Verbunden war damit allerdings nie die Aussage, dass Gott etwa gegenwärtig machtlos sei. Vielmehr galt sein Königtum als transzendent. »Als Höchster und ›König des Himmels‹ (Dan 4,34) hat er sein fest gefügtes Reich im Jenseits; von dort wirkt er als ein für die Irdischen nicht klar bestimmbarer Machthaber [...] auf das politische Geschehen ein« (Koch 1998: 203).

Bezeichnend ist nun, dass Jesus einerseits an solche Zukunftsvorstellungen anknüpft, diese aber andererseits mit seinem gegenwärtigen Wirken verknüpft. Anschaulich wird dieses z. B. in dem bereits zitierten Wort aus Mk 1,15. Das Reich Gottes ist einerseits nahe, also noch nicht

> *Und der HERR wird König sein über alle Lande. Zu der Zeit wird der HERR der einzige sein und sein Name der einzige.*

vollständig realisiert. Andererseits ist die Zeit jetzt erfüllt. Jetzt will die Königsherrschaft Gottes wahrgenommen und entschlossen ergriffen werden (»tut Buße und glaubt an das Evangelium!«). Noch deutlicher wird Lk 11,20: »Wenn ich aber durch Gottes Finger die bösen Geister austreibe, so ist ja das Reich Gottes zu euch gekommen.« Gegenwart und Zukunft fließen in der Reich-Gottes-Verkündigung Jesu ineinander. »Die Gottesherrschaft kommt auf den Menschen zu. Es geht um ein Gegenwärtigwerden, das die Zukunft nicht aufhebt, sondern diese erschließt und zu ihr hinführt« (Hahn 2011: 59).

Fragen wir nach der Begründung für dieses Ineinander von Gegenwart und Zukunft, so stoßen wir auf ein weiteres Spezifikum der Reich-Gottes-Verkündigung Jesu. Es dürfte sich dabei um den entscheidenden Punkt handeln. Das Reich Gottes wird in der Verkündigung Jesu insofern gegenwärtig, als es generell mit seiner Person verknüpft ist. Als Repräsentant Gottes macht er dessen jenseitiges Wirken innerweltlich erfahrbar. Er lebt sozusagen das Reich Gottes, und insofern wird die Haltung zu Jesus zum Maßstab der Zugehörigkeit: »Blinde sehen und Lahme gehen, Aussätzige werden rein und Taube hören, Tote stehen auf, und Armen wird das Evangelium gepredigt; und selig ist, wer sich nicht an mir ärgert« (Mt 11,5 f.). Insofern ist es nur konsequent, wenn in Mk 1 auf die Ansage der Gottesherrschaft unmittelbar der Ruf in die Nachfolge Jesu folgt (Mk 1,16 ff.).

Die Verkündigung Jesu ist in dieser Hinsicht auf geradezu provozierende Weise exklusiv. »Wer mich bekennt vor den Menschen, den wird auch der Menschensohn bekennen vor den Engeln Gottes. Wer mich aber verleugnet vor den Menschen, der wird verleugnet werden vor den Engeln Gottes« (Lk 12,8 f.). Auch die berühmten Seligprei-

sungen geben diesen Anspruch Jesu zu erkennen. Er ist es, der den Armen zusagt: »Euer ist das Reich Gottes.«, den Reichen hingegen: »Ihr habt euren Trost schon gehabt« (Lk 6,20.24).

Zusammenfassend kann man sagen: In seinem gesamten Reden und Tun verkündigt Jesus, dass Gott als König der Welt mit Macht über seine Schöpfung regiert. Diese Herrschaft impliziert eine Kritik der Mächtigen und Wohlhabenden, insofern sie sich des Geschenkcharakters ihrer Güter nicht bewusst sind oder gar in Beugung von Recht und Wahrheit ihre Interessen durchsetzen. Zugleich ist diese Herrschaft mit heilvollen Zusagen für all jene verbunden, die bereit sind, sich vertrauensvoll und ohne Sorge (vgl. Mt 6,19 ff.) auf diese Realität einzulassen, obgleich sie allzu oft verborgen scheint. In diese Linie gehört auch die Bitte des Vaterunsers »dein Reich komme« (Mt 6,10; Lk 11,2). Zugang zu dieser Herrschaft Gottes finden die Menschen im Wirken Jesu, welches die Zukunft in die Gegenwart holt. Diese neue »Welt« Gottes, die von der »alten« qualitativ unterschieden wird, gleichwohl aber in jener präsent ist, gilt es entschlossen (Lk 16,16) und zugleich in kindlichem Vertrauen (Mk 10,15) zu ergreifen. In das Reich Gottes kann man »hineingehen«, und doch kann man seiner nicht habhaft werden.

2. Gottes Reich im Gleichnis

Innerhalb der Verkündigung Jesu nehmen die Gleichnisse eine prominente Stellung ein, das gilt sowohl sachlich als auch quantitativ. Allerdings ist Jesus nicht der Erfinder dieser Sprachform. Sowohl in der jüdischen als auch in der griechisch-hellenistischen Kultur spielen Gleichnisse schon vor Jesus eine wichtige Rolle, zum →

Das Himmelreich gleicht einem Hausherrn ...

Teil bestehen auch inhaltliche Parallelen zu den Gleichnissen Jesu.

Trotz dieser Verwandtschaft haben die Gleichnisse Jesu eine besondere Note: Charakteristisch ist ihre Nähe zum Alltag der Menschen, ihre oft auch provokative Art und die besondere Kühnheit in ihren überraschenden Wendungen. Beispielhaft sei in diesem Zusammenhang das in der Auslegungsgeschichte immer wieder als anstößig empfundene Gleichnis vom ungerechten Verwalter (Lk 16,1 ff.) genannt, oder auch das kurze Gleichnis in Mk 4,30–32, wo das Reich Gottes mit einem Senfkorn verglichen wird, das man gerade nicht im Garten anbaute, sondern dem Wildwuchs überließ.

Grundlegend für die Interpretation von Gleichnissen ist die Unterscheidung von Gleichnis und Allegorie. Über viele Jahrhunderte war es im Christentum üblich, die Gleichnisse als codierte Texte zu lesen, welche man Punkt für Punkt zu übertragen hatte. Typisch für eine Allegorie ist, dass die erzählte Geschichte nur eine untergeordnete Bedeutung hat, wichtig sind die Einzelzüge. Ein anschauliches Beispiel dafür ist folgende aus dem Mittelalter stammende Auslegung des »Barmherzigen Samariters« (Lk 10,30–35): »Wer ist der Mensch? Adam. Was ist Jerusalem? Das Paradies. Was ist Jericho? Die Welt. Wer sind die Räuber? Der Teufel. Wer ist der Priester? Moses. Wer ist der Levit? Johannes der Täufer. Wer ist der Samaritaner? Unser Herr Jesus Christus [...]« (Böttrich 2001: 117 f.). Problematisch an solchen Auslegungen ist, dass die erzählte Geschichte eher zu einem Steinbruch von einzelnen Bildelementen gerät und ihre Auslegung einer gewissen Willkür nicht entbehrt.

Seit Adolf Jülicher, mit dessen Werk um 1900 die moderne Gleichnisforschung begann, besteht ein weitreichender Konsens darin, dass die Gleichnisse Jesu keine solchen Allegorien waren. Vielmehr sind sie gerade in ihrer elementaren Bildwelt leicht zugänglich und setzen keine tiefere theologische Bildung voraus. Jülicher verfiel mit seiner Deutung allerdings ins gegenteilige Extrem. Für ihn gab es nur einen einzigen Vergleichspunkt zwischen der Gleichniserzählung und der gemeinten Sache. Er nannte diesen das »Tertium comparationis« (das Dritte des Vergleichs). So gesehen dienten Gleichnisse der Veranschaulichung allgemeiner Wahrheiten. Das Doppelgleichnis vom Schatz im Acker und von der kostbaren Perle (Mt 13,44–46) sei etwa in der Weise zu verstehen, dass man ein geringeres Gut stets um des höheren willen opfern solle. Paradoxerweise trafen sich Jülichers Gleichnistheorie und die von ihm kritisierte allegorische Auslegung an einem entscheidenden Punkt. Beide betrachteten die Gleichnisse sozusagen als Transportmittel. Bei der Allegorie ging es um die Entschlüsselung theologischer Geheimnisse, bei dem didaktischen Ansatz Jülichers um die Vermittlung eines allgemeingültigen Lehrsatzes. Das Verbindende war: Hatte man die Geschichte einmal »verstanden«, dann war ihr erschließendes Potenzial erschöpft, sie war sozusagen leergelesen.

Geht man davon aus, dass die Gleichnisse Jesu mit dem Horizont seiner Reich-Gottes-Verkündigung zu lesen sind, dann erweisen sich beide Ansätze als Reduktionen. Denn es wäre zu fragen, ob die Wirklichkeit der Gottesherrschaft überhaupt anders als im Gleichnis zur Sprache gebracht werden kann. Generell bedient sich menschliches Reden von Gott und seiner Wirklichkeit irdischer Erfahrungen, so wenn z. B. Gott als König, als Vater oder als Richter bezeichnet wird. Im Bewusstsein ihrer Grenzen beziehen wir solche Begriffe auf Gott, weil uns andere nicht zur Verfügung stehen. Wir sagen, Gott ist König, obgleich wir natürlich wissen, dass sein Königtum von einer ganz anderen Qualität ist, als wir es aus irdischen Kontexten kennen. Wir wissen auch, dass Gott kein Jurastudium absolviert hat, und doch nennen wir ihn Richter. Im Grunde ist solche Rede von Gott vermessen. Wir wagen sie in dem Bewusstsein, dass sie metaphorische Rede ist. Ansonsten müssten wir wohl schweigen.

Die Sprachform der Metapher funktioniert nach folgendem Prinzip. Man stellt zwei Dinge auf eine Ebene, ohne dass sie sich auf einer Ebene befinden, z. B. Peter ist ein Fuchs. In der Regel versteht jeder sofort, dass damit nicht ein Fuchs namens Peter gemeint ist, sondern eher ein Mensch, der durch besondere Schlauheit auffällt.

Das Besondere an den Gleichnissen ist nun, dass sie dieses Prinzip nicht auf der Wortebene anwenden, sondern dass die gesamte Erzählung die Metapher bildet. In der Übersetzung der Lutherbibel ist dies manchmal missverständlich. Wenn es etwa in Mt 20,1 heißt: »Das Himmelreich gleicht einem Hausherrn [...]«, dann geht es letztlich nicht um diesen als Person. Vielmehr geht es um die Gesamtheit der Erzählung, die Suche nach Arbeitern für den Weinberg, die Not der arbeitslosen Tagelöhner, um die Alternative von bedürfnis- oder leistungsgerechter Entlohnung (ein Silbergroschen entspricht etwa dem Tagesbedarf eines Arbeiters), das Murren über die als Ungerechtigkeit empfundene Güte des Arbeitgebers. Es wäre insofern besser, man würde übersetzen: Das Himmelreich gleicht folgender Geschichte. Gerade in ihrer Bewegung, in der spannungsvollen und spannungsreichen Interaktion der handelnden Figuren kann die Erzählung ein Gleichnis der Gottesherrschaft sein. Die Hörenden werden sozusagen mit auf eine Reise genommen. Mit den handelnden Figuren gelangen sie zu überraschenden Einsichten in Gottes Gerechtigkeit sowie auch in ihre eigenen Werte und Lebenseinstellungen.

Dieser von Eberhard Jüngel, Hans Weder und anderen begründete Ansatz, die Gleichniserzählungen als Metaphern zu verstehen, wird heute vielfach vertreten. »Die Gleichnisse müssen [...] in ihrer spezifischen Gestalt gewahrt bleiben und sind nicht in eine andere Redeform zu übertragen.« Denn letztlich war die Botschaft Jesu von der Gottesherrschaft »in ihrer raum- und zeitübergreifenden Dimension [...] nur in dieser Gestalt artikulierbar« (Hahn 2011: 68). Die Gleichnisse waren somit zwar nicht die einzige, aber doch eine sehr charakteristische Form von Jesu Verkündigung der Gottesherrschaft. In Bildern, die dem alltäglichen Leben der Menschen entnommen sind, bringen sie die machtvoll in die Gegenwart hereinbrechende Zukunft Gottes zum Ausdruck, welche sich zwar zunächst unbemerkt, aber doch unaufhaltsam durchsetzt (Mk 4,26 ff.). Sie gleicht einem Schatz, den man findet und für den man alles hingibt (Mt 13,44 ff.). Sie gleicht dem Sauerteig, der große Mengen Mehl durchsäuert (Mt 13,33). Ja, sie hat den Charakter eines großen Festmahls, das trotz vielerlei Absagen stattfindet (Lk 14,16 ff.). Sie gleicht einem Weinberg, in dem alle nach Bedarf und nicht nach Leistung entlohnt werden (Mt 20,1 ff.). Auch wenn diese Botschaft nicht überall auf fruchtbaren Boden fällt, so trägt sie reichlich Frucht (Mk 4,3 ff.).

Diese Bilder verweisen auf eine Wirklichkeit, die ohne diese Bilder nicht sagbar wäre. Darin liegt ihr schöpferisches Potenzial, welches sich nicht auf die Veranschaulichung eingängiger Merksätze reduzieren lässt.

Prof. Dr. Thomas Knittel ist Professor für Neues Testament und Systematische Theologie sowie Leiter des Instituts für Berufsbegleitende Studien an der Evangelischen Hochschule Moritzburg.

Literatur

Böttrich, Christfried (2001): Themen des Neuen Testaments in der Grundschule, Stuttgart, 117 f.

Hahn, Ferdinand (2011): Theologie des Neuen Testaments, Bd. 1, 3. Aufl., Tübingen.

Koch, Klaus (1998): Art. Reich Gottes, in: RGG⁴ Bd. 7, Tübingen.

»Kannst du es sehen?«

Aus meiner Gleichnis-Erzählwerkstatt

Martina Steinkühler

Gleichnisse fordern heraus. Gleichnisse lohnen sich. An Gleichnissen kann man sich die Zähne ausbeißen, man kann sich an ihnen reiben – man kann Entdeckungen machen, neu sehen, neu zu urteilen lernen.

Exegese, Formkritik, Rezeptionsgeschichte sind wichtige Instrumente sachgerechten Umgangs; es wäre aber schade, wenn sie die unmittelbare Begegnung verhindern: Jesu kleine Weisheitsgeschichten können auch heute direkt zu ihren Rezipienten sprechen.

Zwei Praxismodelle sollen hier vorgestellt werden: das Gleichnis ☞ als Geheimnis und ☞ als Paradox. In beiden Fällen geht es darum, dass die Zuhörenden in die Erzählung einsteigen und selbständig mit ihr umgehen: ausmalend, weitererzählend, erprobend und prüfend.

Vom Senfkorn (Mt 13,31 f.)

»Du sagst doch immer: Gott kommt«, sagt Petrus zu Jesus. »Und du sagst: Wenn Gott kommt, ist es wie im Himmel.« Es ist Abend. Sie sitzen zusammen am Feuer: Petrus und Andreas, Johannes und Jakobus, Levi und Judas und noch ein paar. Auch Frauen sind dabei. »Aber ich sehe nichts!«

»Und ihr?«, fragt Jesus die anderen. »Was seht ihr?« – »Die Wölfe fressen immer noch Schafe«, sagt Jakobus. »Viele Menschen haben Hunger«, sagt Judas. »Und viele haben Angst«, sagt Andreas. »Viele sind krank und haben Schmerzen«, sagt Johannes. »Und alle müssen sterben«, sagt Petrus.

»Aber der Mann mit der kranken Hand!«, sagt eine der Frauen, Maria Magdalena. »Die Schwiegermutter des Petrus! Der Mann in der Synagoge! Die kleine Jaira und die fremde Frau!« – »Was ist mit denen?«, fragt Petrus. »Die fühlen sich jetzt wie im Himmel!«, sagt Magdalena.

Jesus hat seinen Beutel geöffnet. Ein wenig Brot und Käse hat er noch. Sie denken, er will essen. Aber Jesus sucht ein winziges Korn. Er nimmt es auf den Finger und hält es ihnen hin. »Ein Senfkorn«, sagt Petrus. »Was ist damit?« Jesus rückt näher. »Stell dir vor, ich lege dieses Senfkorn in die Erde. Was wirst du sehen, Petrus?«

»Wie es wächst!«, ruft Maria Magdalena. »Und Senf wächst ziemlich schnell!« – »Erzähle weiter!«, sagt Jesus zu Maria Magdalena. Ihre Augen blitzen. »Es wird ein Strauch«, sagt sie, »ein hoher Busch, am Ende sogar ein Baum mit einer weit verzweigten Krone. Und Vögel kommen und ruhen auf seinen Zweigen.« Jesus hält Petrus noch immer das Senfkorn hin. »Siehst du es jetzt?«, fragt er. »Kannst du es sehen?«

KOMMENTAR

»Kannst du es sehen?« Diese Frage, in der das Rahmengespräch des Gleichnisses gipfelt, gilt nicht nur Petrus, sondern auch der Leserschaft – in diesem Fall der Leserschaft einer Erzählbibel für Kinder ab acht Jahren, in der mit dem zitierten Text der Reigen der Gleichniserzählungen eröffnet und grundgelegt wird.

Der (fiktive) Rahmen entwirft eine Ursprungssituation. Deutlich wird die Fragestellung, in die die kleine Erzählung entsteht, und deutlich wird auch: Es handelt sich um einen Versuch, eine Annäherung, eine Einladung zum Nachspüren. Jesus und Maria Magdalena geben ein Beispiel dafür, wie mit solchen Erzählungen umzugehen ist: eintauchen, weitererzählen, entfalten. Die Kontrollfrage am Ende heißt nicht: »Hast du es verstanden?«, sondern: »Siehst du es?«

Wer Gleichnisse so einbettet und erzählt, der hat anderes im Sinn als eine möglichst einheitliche, widerspruchsfreie Deutung. Er öffnet den Hörenden/

Verlag Junge Gemeinde

E-Mail: vertrieb@junge-gemeinde.de • Internet: www.junge-gemeinde.de
Telefon 0711 - 990 78 0 • Telefax 0711 - 990 78 25

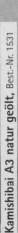

Auswahl 2015/6

Kamishibai DIN A3 – das tragbare Theater

Das neue bewährte Medium für Kindergarten, Grundschule und Gemeinde

Kamishibai (A3-Erzähltheater)

Entdecken Sie die vielfältigen Möglichkeiten dieses praktischen Erzähltheaters!

Bildgeschichten erzählen (z.B. mit unseren farbigen biblischen Bildkarten), Szenenbilder selbst gestalten, mit Transparentpapier als Schattenspielbühne, mit Biegepuppen als Geschichte mit Rahmenhandlung inszenieren u.v.m.

Ein Bildkarten-Set wird hinten in die Aussparung des Kamishibai eingeschoben – und das Erzählen kann beginnen. Die Texte zu den Bildern sind auf einer Karte zusammengefasst. Viele Bildkarten-Sätze sind zu bibl. Geschichten und anderen Themen lieferbar (s.S. 8f)

Kamishibai A3 farbig, Best.-Nr. 568

Das Kreativprogramm
RELIGIONSPÄDAGOGIK

Kamishibai A3 natur geölt, Best.-Nr. 1531

Das Kamishibai natur wird in einer Werkstätte für Menschen mit Behinderung hergestellt.

Kamishibai (A3-Erzähltheater)

Das Erzähltheater im A3-Format gibt es in zwei verschiedenen Ausführungen:

Farbig lackierte Ausgabe:

MDF-Platten (Holz), Maße: 56 cm breit, 40 cm hoch (geschlossen), 109 cm (geöffnet), im Karton verpackt
Gewicht: 3,15 kg, € 54,-, Best.-Nr. 568

Naturbelassene Ausgabe, 2fach geölt:

7 mm starke Multiplex-Holzplatten. *Ausbesserungen im Holz sind naturbedingt und stellen keinen Grund zur Reklamation dar.*
Maße und Angaben wie oben, Gewicht: 2,6 kg, € 54,-, Best.-Nr. 1531

Das Friedenskreuz

Gestaltet und erklärt mit den sieben Symbolen des 13-teiligen Legekreuzes

Das Friedenskreuz wird in einer Werkstätte für Menschen mit Behinderung hergestellt

Reinhard Horn, Ulrich Walter

Mit dem Friedenskreuz durch das Kirchenjahr

Buch: 144 Seiten, Format 23 x 16 cm, vierfarbig, gebunden, 4. Auflage, € 17,80
Best.-Nr. 531

CD: Spielzeit ca. 70 Min., mit den Liedern zum Buch, € 13,90, Best.-Nr. 532

Legekreuz: 13 Holzpuzzles, farbig lasiert, in einem blauen Legetuch (45 x 45 cm)
€ 28,-, Best.-Nr. 533

Reinhard Horn, Ulrich Walter

Quartettspiel zum Friedenskreuz

Reinhard Horn, Ulrich Walter

Quartettspiel zum Friedenskreuz

Zu den sieben Elementen des Friedenskreuzes und zum ganzen Legekreuz müssen jeweils vier Karten gesammelt werden. Wer ein Quartett vollständig hat, legt es ab. Sieger ist, wer am meisten Sets abgelegt hat.
Über die Abbildungen auf den Karten ergibt sich rasch ein Gespräch zu den Symbolen und zu den biblischen Geschichten, die mit dem Friedenskreuz vermittelt werden.

32 Spielkarten mit Erläuterung in einer Pappbox
Maße der Karten: 10,8 x 8,5 cm

€ 9,95, Best.-Nr. 1496

Reinhard Horn, Ulrich Walter

Advent und Weihnachten mit dem Friedenskreuz

Buch: 96 Seiten, Format 23 x 16 cm, vierfarbig, gebunden, € 17,80
Best.-Nr. 615

CD: Spielzeit ca. 70 Min., mit den Liedern zum Buch und Vorlagen für die Arbeit mit dem Erzähltheater „Kamishibai" (s. S. 1)
€ 13,90, Best.-Nr. 616

Reinhard Horn, Ulrich Walter

Groß werden mit Dir, lieber Gott!

Lieder, Geschichten, Rituale und Gebete. Eine „Erstausstattung zum Großwerden mit Gott".

Die elementaren Geschichten, kleinen Rituale und zur Bewegung anregenden Lieder lassen schon die 2-3-Jährigen erahnen, dass es einen Gott gibt, der sie liebt.
Auch hier wird teilweise mit den Symbolen des Friedenskreuzes gearbeitet.

Buch: 88 Seiten, Format 23 x 16 cm, vierfarbig, gebunden, € 17,80, Best.-Nr. 2075

CD: Spielzeit ca. 70 Min., mit den Liedern zum Buch, € 13,90, Best.-Nr. 2076

Reinhard Horn · Ulrich Walter

Jesusgeschichten
mit dem Friedenskreuz

Lieder-CD

Reinhard Horn · Ulrich Walter
Jesusgeschichten
mit dem Friedenskreuz

Verlag Junge Gemeinde

Friedenskreuz – Legekreuz groß

Schichtholz
Maße: 74 cm hoch, 20–44 cm breit, 1,8 cm tief
€ 139,-
Best.-Nr. 1338

Ulrich Walter, Reinhard Horn

Jesusgeschichten
mit dem Friedenskreuz

Einfache und berührende Geschichten aus dem
Leben Jesu. Mit den ansprechenden Legebil-
dern dieses Buches gestaltet, hinterlassen sie
einen bleibenden Eindruck bei Kindern und
Erwachsenen.

Die schwungvollen Lieder von Reinhard Horn
vertiefen das Bild: Dieser Jesus befreit zum
Leben, lässt Zerbrochene heil werden, schenkt
Frieden und Versöhnung mit Gott.

Elementare Religionspädagogik, die Lust macht
zum Nachmachen und zum eigenständigen
Weiterentwickeln der vorgestellten Legegeschichten.

Buch:
120 Seiten, gebunden,
Format 23 x 16 cm,
durchgängig vierfarbig illustriert

€ 17,80, Best.-Nr. 2094

CD:
Spielzeit ca. 70 Minuten, mit den
Liedern aus dem Buch

€ 13,90, Best.-Nr. 2095

Legekreuz:
13 Holzpuzzles
farbig lasiert, in einem blauen
Legetuch (45 x 45 cm)

€ 28,-, Best.-Nr. 533

*Zusätzlich sind folgende hübsche
Accessoires lieferbar – kleine Zeichen für die Hoffnung, die wir aus
dem Kreuz schöpfen können:*

Friedenskreuz-PIN

Format 14 x 22 mm, Emaille lackiert,
fein mit silberfarbenen Stegen zwischen
den Elementen des Friedenskreuzes gearbeitet
einzeln € 3,50, ab 10 Ex. je € 3,30,
ab 25 Ex. je € 3,20
Best.-Nr. 1164

Friedenskreuz-Anhänger

Format 27 x 17 x 1,8 mm, Emaille
lackiert, fein mit silberfarbenen
Stegen zwischen den Elementen
des Friedenskreuzes gearbeitet,
Band aus Kunstleder zum Umhängen,
nickelfreier Karabinerverschluss
(ca. 50 cm lang)

einzeln € 4,90, ab 10 Ex. je € 4,70,
ab 25 Ex. je € 4,60
Best.-Nr. 1167

neu

Gabi Scherzer
Von der Hand zum Herz
5 Minuten Kreativität zur Bibel

Kindgerecht erzählte Bibeltexte mit überraschenden
Kreativaktionen. Jede Gestaltung wird von einem
persönlichen Gebet begleitet.

120 Seiten, durchgehend vierfarbig, verdeckte Spiralbindung

€ 17,95, Best.-Nr. 2100

Gabi Scherzer
5 Minuten Kreativität
zur Bibel

Die Kunsterzieherin und Religionspädagogin verbindet originelle Ideen
zum Basteln und Gestalten mit Gebet und der biblischen Botschaft zu
einer einfühlsamen und gelungenen
Einheit.

120 Seiten, durchgehend vierfarbige
Fotos, Spiralbindung

€ 17,95, Best.-Nr. 2087

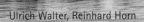

Peter Hitzelberger (Hg.)

STERN ÜBER BETHLEHEM:

ZEIG UNS DEN WEG

Neue Weihnachtsspiele für Gemeinde, Schule und Kindergarten

neu

Verlag Junge Gemeinde lahn

Peter Hitzelberger (Hg.)

Ohne **Engel** geht es nicht

Neue Weihnachtsspiele für Gemeinde, Kindergarten und Schule

Verlag Junge Gemeinde lahn

Peter Hitzelberger (Hg.)
Ohne Engel geht es nicht
17 Weihnachtsspiele
160 S., DIN A5, Pb,
€ 19,95, Best.-Nr. 2082

Weihnachts- und Krippenspiele für Gemeinde, Kindergarten und Schule

Klassische Krippenspiele und Spiele, die heutige Weihnachtserfahrungen im Blick haben. Kürzere und längere Spieltexte, für viele oder wenige Kinder, jüngere oder ältere. Hier ist für jeden etwas zu finden. Die Texte sind zum Bearbeiten auf der jeweils beigefügten CD-Extra, ebenso Instrumentaleinspielungen einiger neuer Lieder.

◄ Peter Hitzelberger (Hg.)
Stern über Bethlehem: Zeig uns den Weg
19 Weihnachtsspiele, 160 S., DIN A5, Pb.
€ 19,95, Best.-Nr. 2102

Ute Reckzeh
Ein zauberhafter Schulanfang
Kurze Gottesdienste zur Einschulung
72 S., 21 x 21 cm, Pb, € 10,95, Best.-Nr. 2064

►

Regina und Peter Hitzelberger

Mit Schere und Papier durchs Kirchenjahr

Basteln – Spielen – Entdecken

Verlag Junge Gemeinde bibelwerk

Bilder, Spiel und Spaß

Biblische Geschichten kreativ gestalten

Peter Hitzelberger

Regina und Peter Hitzelberger (Hrsg.)

Schere Stift Papier

Biblische Geschichten kreativ gestalten

Verlag Junge Gemeinde bibelwerk

Voll kreativ zum Kirchenjahr:

Regina und Peter Hitzelberger
Mit Schere und Papier durchs Kirchenjahr

Basteln – Spielen – Entdecken
Zu jeder Kirchenjahreszeit gibt es kurze Hinweise zu Bedeutung und Brauchtum.
Viele Kopiervorlagen zum Basteln, Rätseln und Spielen, z.B. Puzzle, Würfelspiel, Daumenkino, Bandolino
128 S., DIN A4, Pb., € 16,90, Best.-Nr. 2091

Regina und Peter Hitzelberger
Band 1: **Bilder, Spiel und Spaß**
Best.-Nr. 554

Regina und Peter Hitzelberger
Band 2: **Schere, Stift, Papier**
Best.-Nr. 2060

Mit Aufklapp- und Schiebebildern, Transparent- und Suchbildern, mit Pop-up- und Faltbüchlein, Puzzle und Domino, mit Drehscheiben- und Daumenkino, mit Bastelbildern, Rätseln und Comics, mit Lücken- und Zahlenbildern u. v. m.
Jeder Band 120 S., DIN A4, Pb, je € 16,90

Christa Gerold / Wolfgang Loos

Gott trägt uns wie in einem Tuch

Schulanfangsgottesdienste zum Anfassen

Verlag Junge Gemeinde

Wolfgang Loos, Christa Gerold
Gott trägt uns wie in einem Tuch
14 ökumenische Schulanfangsgottesdienste zum Anfassen
120 S., DIN A4, Pb., € 16,90, Best.-Nr. 2097
Jetzt auch als e-Book und e-Pub erhältlich.

ERZÄHLEN

mit

allen

Sinnen

Ein Kreativbuch mit über 50 Methoden und biblischen Erzähl- beispielen

Herausgegeben vom Rheinischen Verband für Kindergottesdienst

VERLAG JUNGE GEMEINDE

Rhein. Verband für Kindergottesdienst
Erzählen mit allen Sinnen
320 S., DIN A5, Pb., **4. überarbeitete Auflage**
€ 22,90, Best.-Nr. 2065

Jetzt ist der Klassiker neu erschienen – völlig überarbeitet und ergänzt!

neu

Thomas Ebinger, Damaris Knapp, Andreas Lorenz,
Frank Widmann (Hg.)

Kommt und singt
Liederbuch für die Jugend

Über 200 Lieder aus dem Evangelischen Gesangbuch und
250 neue geistliche Lieder. Die langerwartete Neuausga-
be ist gründlich überarbeitet. Viele neue Lieder wurden
aufgenommen, veraltete gestrichen.

Alle Lieder mit dazugehörigen Harmonien für die Begleitung auf Gitarre. Im Textanhang Psalmen, Ge-
betstexte und Bibelverse, die durch Schule und Leben begleiten. Auch sie wurden teilweise der heutigen
Situation angepasst.

Ca. 768 Seiten, 18 x 11,5 cm, geb. (GVH)
€ 17,99, Best.-Nr. 3434

Monika Bücken-Schaal
**Meditationen und
Stilleübungen für Kinder**

Sieben ausgearbeitete Einheiten für Kindergarten,
Grundschule und Kinderkirche.

120 S., 18,5 x 17,5 cm, kartoniert, mit farbigen
Illustrationen, € 16,95, Best.-Nr. 2090

Ilse Jüntschke, Peter Hitzelberger
**Mit Kindern durch die
Passions- und Osterzeit**

Geschichten, Gesprächsimpulse, Spielideen und Lieder
84 S., 21 x 21 cm, Pb, € 10,95, Best.-Nr. 2081

Gebete-Schatzkiste

**Eine wunderbare Möglichkeit, auf lockere Weise mit Kindern
den Tag zu beginnen**

Andrea Braner
**Kinder erfahren
Tod und Trauer**
*... und begegnen
Geschichten, Ritualen,
Liedern und Gebeten*

Die Autorin zeigt
ganz praktisch und
aus eigenen Erfahrun-
gen heraus, wie man
Kinder in solchen
Situationen einfühl-
sam begleitet und
ihren Gefühlen und
ihrem Wunsch nach einem Halt Raum gibt.

128 Seiten, DIN A5, kartoniert, € 16,90
Best.-Nr. 2086

• •

**Gebete im Morgenkreis –
für Kindergarten und Grundschule**
von Monika Sander

Inhalt:

▶ Schatzkiste aus Holz mit Schnalle
  (15 x 11 x 10 cm)
▶ ca. 80 Gebetskarten, geordnet nach
  Sachgruppen
▶ blauer Beutel „Danke" mit
▶ Herzstein (Handschmeichler)

Der Herzstein wird herumgereicht. Hält ihn ein Kind
in der Hand, darf es Gott etwas sagen, z. B. eine
Frage beantworten oder ein Gebet sprechen.

€ 19,90, Best.-Nr. 1453

5

Trauertasche

Erste–Hilfe zum Umgang mit unerwarteten Todesfällen in Schulen und Gemeinden

Der Tod eines Kindes, einer Mitschülerin, eines Mitschülers ist immer unerwartet, ob nach einem Unfall oder einer Krankheit, erst recht nach einem Gewaltverbrechen. Alle Betroffenen stehen unter Schock. Sie brauchen Möglichkeiten, um ihre Ohnmacht, ihre Trauer, ihre Wut zum Ausdruck zu bringen. Sie brauchen Rituale, die helfen, Ordnung in das Chaos der Gefühle zu bringen. Erste Hilfen und Schritte bietet diese Trauertasche an. Die meisten Artikel der Tasche können auch einzeln bestellt und nachgekauft werden *(siehe Einzelpreis und Best.-Nr. bei den Artikeln)*.

Kondolenzbuch zum Selbergestalten
Hier können die Mitschüler (Kinder) ihre Gedanken und Wünsche niederschreiben oder malen. 30 Blätter, mit farbigem Deckblatt, DIN A4, in Klemm-Mappe, Einzelpreis: € 3,90, Best.-Nr. 1354

Drei Bilderrahmen
zum Aufstellen oder Aufhängen, Kunststoff 1 mit schwarzem und 2 mit weißem Rand, mit Einstecktasche
Maße: 19 x 14 cm, für Fotos 15 x 10 cm
Setpreis: € 2,50, Best.-Nr. 1348

Kuschelhund
Trostspender zur Weitergabe an Trauernde, sortiert
Einzelpreis: € 2,70, Best.-Nr. 1333

Schlüsselanhänger mit Bär
Trostspender zur Weitergabe an Trauernde, sortiert
Einzelpreis: € 2,20, Best.-Nr. 1346

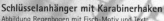

Schlüsselanhänger mit Karabinerhaken
Abbildung Regenbogen mit Fisch-Motiv und Text: Ich bin gehalten. Trostspender zur Weitergabe an Trauernde
Einzelpreis: € 1,95, Best.-Nr. 1347

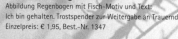

90 Gebetskärtchen
zur Weitergabe an die Trauernden, mit Gebetstext auf der Rückseite, 3 Motive á 30 Karten, Maße: 8,5 x 5,4 cm, beidseitig cellophaniert
Setpreis je Motiv: € 6,90, Motiv 1 (Best.-Nr. 1351), Motiv 2 (Best.-Nr. 1352), Motiv 3 (Best.-Nr. 1353)

Symbolbildkarten-Box „Trauer und Trost"
zum Gespräch in der Gruppe und zur Auslage (Trauertisch) 40 Karten mit 20 verschiedenen Motiven, Maße: 10,8 x 8,5 cm, beidseitig cellophaniert
Setpreis: € 14,90, Best.-Nr. 1355

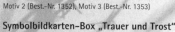

Basistexte
Geschichten, Gebete und Bibeltexte liegen als Einzelblätter bei.

Symbolkreuz
mit je einem braunen und hellem Holzholm
Maße: 28 x 14,5 cm
Einzelpreis: € 22,90, Best.-Nr. 1495

Holzstern
12 Strahlenrauten mit Teelichtern – für eine gestaltete Mitte (Stern-Ø 31 cm)
Einzelpreis: € 22,90, Best.-Nr. 481

Kerze mit farbigen Wachsplättchen
25 cm lang, ø 5 cm, mit Verzierwachsplättchen: blau, grün, rot, gold, € 9,95, Best.-Nr. 765

Kerzenteller aus Keramik
€ 4,95, Best.-Nr. 769

Violettes Baumwolltuch
100% Baumwolle, Maße: 80 x 80 cm
Einzelpreis: € 5,50, Best.-Nr. 1112

Nylon-Tücher-Set
Hauchzarte und pflegeleichte Tücher aus 100% Nylon, 6 Tücher in den Farben: rot, blau, grün, violett, orange, gelb.
Maß je Tuch: 68 x 68 cm
Setpreis: € 15,-, Best.Nr. 1128

Symbolbildkarten für Kleinere
zum Gespräch in der Kindergarten-Gruppe 5 Motive (Sonnenblumen, See, Regenbogen, Schmetterling, Wolken), foliert, DIN A4
Setpreis: € 14,-, Best.-Nr. 1349

Flauschfedern
weiß, 15 Stück im Beutel, Maße: 10-15 cm
Einzelpreis: € 2,50, Best.-Nr. 1255

Glas-Nuggets
Beutel mit Glassteinen in verschiedenen Farben, Ø 18-20 mm, ca. 500 g je Beutel
(s. auch Nuggets-Dose für Nachkauf: € 5,- Best.-Nr. 428, S. 25)

Filzlegeteile
Symbole zum Legen
In verschiedenen Farben und Formen, 100 Stück im Beutel, Maße: 2,5-6 cm
Einzelpreis: € 4,90, Best.-Nr. 1253

Rose von Jericho
Symbol für neues Leben (Auferstehung). Die Wüstenpflanze wird grün, wenn sie in eine Wasserschale gelegt wird.
Einzelpreis: € 3,95, Best.-Nr. 430

USB-Stick mit Texten/Vorlagen zur Trauerarbeit für alle Altersgruppen
Mit Entwürfen für Rituale, Geschichten, Gebeten und anderen liturgischen Texten, mit ausgewählten Liedvorschlägen, didaktisch-methodischen Anregungen und Modellen für unterschiedliche Altersgruppen, Checklisten und Literaturangaben.
Einzelpreis: € 25,-, Best.-Nr. 1358

Mini-Büchlein
Müssen alle Menschen sterben?
26 Seiten, 12,5 x 12,5 cm, geheftet
Einzelpreis: € 1,50, Best.-Nr. 3350

21 Artikel in z. T. größeren Stückzahlen
Dunkelblaue Nylontasche mit Umhängegurt und vielen Fächern
Maße Tasche: ca. 27 x 35 cm

Gesamtpreis € 155,-
Best.-Nr. S1350

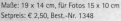
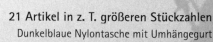

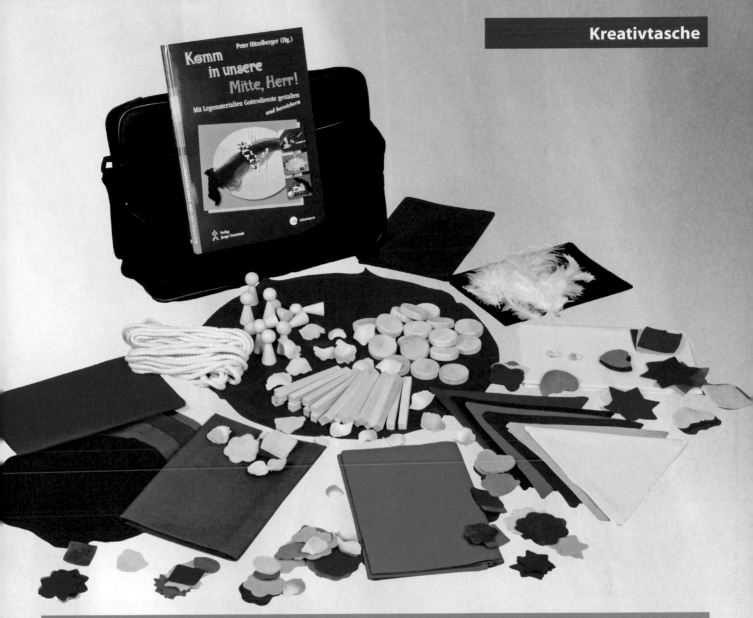

Unser Angebot an Legetüchern und weiteren Materialien zur Gestaltung von Bodenbildern stellen wir Ihnen in unserem Katalog vor. Bitte per E-Mail (vertrieb@junge-gemeinde.de) oder mit unserem Bestellschein gleich anfordern.

Inhalt der Kreativtasche

13 Grundmaterialien in einer schwarzen Nylon-Tasche
Alle Artikel können auch einzeln bestellt werden (s. u.).

Maße Tasche: 26 x 28 cm

Sonderpreis € 89,-, Best.-Nr. S1209

12 Grundmaterialien für anschauliche Legebildgestaltungen in Gottesdienst und Schule. Mit Anleitungsbuch

• Anleitungsbuch: Komm in unsere Mitte, Herr
Kartoniert, DIN A4, 96 S.
€ 16,90, Best.-Nr. 567

• Baumwolltücher Grundset 1
6 Tücher in den Farben: gelb, rot, blau, violett, grün und schwarz, ca. 85 x 85 cm
€ 29,90, Best.-Nr. S420

• Set Dreieckstücher
6 Baumwolltücher in den Farben: gelb, rot, blau, violett, grün, ocker, ca. 40 cm Scheitellänge
€ 8,95, Best.-Nr. S1241

• Rundtuch blau
Baumwolle, Ø 88 cm
€ 5,90, Best.-Nr. 1182

• Set Rundtücher
6 Baumwolltücher in den Farben: gelb, rot, blau, violett, grün, weiß, Ø 21 cm
€ 6,90, Best.-Nr. 1190

• Holzkegelfiguren natur
Beutel mit 10 Kegeln, 5 cm hoch
€ 5,90, Best.-Nr. 471

• Holzstäbe natur
Beutel mit 20 Vierkantstäben, 1 cm Seitenbreite, 10 cm lang, € 9,90, Best.-Nr. 474

• Holzscheiben natur
Beutel mit 20 Scheiben, Ø 40 mm, 1 cm hoch
€ 6,90, Best.-Nr. 475

• 2 Glaskristall-Tropfen
jeder Tropfen ca. 2 cm lang, klar
(Nachkauf nur im 12-er Set, Best.-Nr. 1245)

• Flauschfedern
Beutel mit 15 Stück, 10-15 cm lang, weiß
€ 2,50, Best.-Nr. 1255

• Baumwollkordel
6 mm stark, 10 m lang, roh natur
€ 4,90, Best.-Nr. 486

• Rosenblätter
orange, Beutel mit je 41 Rosenblättern,
Maße: 3,5 – 4,4 cm
€ 2,-, Best.-Nr. 1373

• Filzzuschnitte
100 Symbole zum Legen in verschiedenen Farben und Formen, 2,5 – 6 cm
€ 4,90, Best.-Nr. 1253

Kamishibai DIN A3 – das tragbare Theater

Das neue bewährte Medium für Kindergarten, Grundschule und Gemeinde

Wir bieten folgende DIN A3-Bildsätze an:

Je 12 vierfarbige Bildkarten auf festem 300 g-Karton.
Der Erzähltext ist auf einer separaten Bildkarte gedruckt.

Je farbiger Bildsatz € 13,95

Geschichten aus dem Neuen Testament:

Die Geschichte von Maria
Best.-Nr. 3334

Maria und Elisabeth
Best.-Nr. 3402

Geschichten aus dem Alten Testament:

Die Schöpfungsgeschichte
Best.-Nr. 3235

Jona Läuft weg
Best.-Nr. 3332

Josef, der Zimmermann
aus Nazaret   Best.-Nr. 3403

Jesus wird geboren
Best.-Nr. 3234

Noahs Arche
Best.-Nr. 3237

Josef und seine Brüder
Best.-Nr. 3342

Die Weisen aus dem Morgenland
Best.-Nr. 3404

Jesus erzählt vom Reich Gottes
Best.-Nr. 3409

neu

Der kleine Mose
Best.-Nr. 3399

Der Auszug aus Ägypten
Best.-Nr. 3408

neu

Die Heilung des Gelähmten
Best.-Nr. 3413

neu

Der Sturm auf dem See
Best.-Nr. 3412

neu

neu

Vom Roten Meer in die Wüste
Best.-Nr. 3414

Die Zehn Gebote*
Best.-Nr. 3339

* Der Bildsatz eignet sich erst ab dem Grundschulalter

Jesus segnet die Kinder
Best.-Nr. 3238

Zachäus auf dem Baum
Best.-Nr. 3236

David und Goliat
Best.-Nr. 3266

Der gute Hirte, Psalm 23
Best.-Nr. 3287

Jesus und Bartimäus
Best.-Nr. 3341

Der barmherzige Samariter
Best.-Nr. 3286

Geschichten aus dem Neuen Testament (Fortsetzung):

Der verlorene Sohn
Best.-Nr. 3265

Die wunderbare Brotvermehrung
Best.-Nr. 3333

Das Vaterunser*
Best.-Nr. 3405

Der Kreuzweg Jesu
Best.-Nr. 3263

Das letzte Abendmahl
Best.-Nr. 3397

Jesus ist auferstanden
Best.-Nr. 3233

Die Emmausgeschichte
Best.-Nr. 3407

neu

Via Lucis – Der Lichtweg von Ostern
bis Pfingsten Best.-Nr. 3398

Gott schenkt uns seinen Geist –
Pfingsten Best.-Nr. 3264

* Der Bildsatz eignet sich erst ab dem Grundschulalter

Bildgeschichten aus dem Leben großer Glaubenszeugen:

Die Geschichte von Martin Luther
Best.-Nr. 3340

Sankt Martin
Best.-Nr. 3337

Die Geschichte von Franz von Assisi
Best.-Nr. 3338

Wundervoller Nikolaus
Best.-Nr. 3336

neu

Franziskus – Der Sonnengesang
Best.-Nr. 3400

Franziskus und die erste Weihnachts-
krippe Best.-Nr. 3433

neu

Schutzkarton für die Kamishibai-Sets

mit 5 Pappeinlagen
zur Abgrenzung der Sets

Geeignet für ca. 10 Kamishibai-Sets

Karton-Maße: 32 x 42,5 x 6 cm
€ 3,95, Best.-Nr. 3468

Als längere Begleiter eignen sich folgende Bildsätze:

Unsere Jahreskrippe   20 Blätter, € 16,95, Best.-Nr. 3401

neu

24 x Advent im Erzähltheater Kamishibai

Eine Erzählgeschichte
auf 15 Bildkarten für
die Adventstage, die die
Kinder im Kindergarten
verbringen.

16 Blätter,
einseitig bedruckt, inkl.
24-seitigem Begleitheft
mit Texten

€ 16,95
Best.-Nr. 3427

9

Biegepuppen

Zum anschaulichen Erzählen biblischer Geschichten

| Jesus Best.-Nr. 500 | Prophet Best.-Nr. 664 | vornehme Frau Best.-Nr. 665 | König (z. B. Salomo) Best.-Nr. 666 | Hirte 3 Best.-Nr. 507 | Mädchen Best.-Nr. 504 | Soldat Best.-Nr. 511 | Engel Best.-Nr. 510 |

| Jünger Best.-Nr. 501 | Maria Best.-Nr. 667 | junge Frau (z. B. Ruth) Best.-Nr. 668 | Hirtenjunge (z. B. David) Best.-Nr. 669 | Hirte 2 Best.-Nr. 506 | Hirte 1 Best.-Nr. 505 | Beduine klein Best.-Nr. 508 | Beduine groß Best.-Nr. 509 |

Biegepuppen-Schnupper-Set 1

Besteht aus 8 Puppen aus Sisaldraht, Je ca. 10 – 12 cm groß

Oben v.l.n.r.: Jesus, Prophet, vornehme Frau, König
Darunter v.l.n.r.: Jünger, Maria, junge Frau, Hirtenjunge

Die Puppen sind auch einzeln erhältlich

Einzelpreis: € 12,90, ab 5 Ex. je € 10,90, ab 10 Ex. je € 10,50 (gemischte MPr)
Günstiger Set-Preis der 8 Puppen: € 80,-, Best.-Nr. S676

Biegepuppen-Schnupper-Set 2

Besteht aus 8 Puppen aus Sisaldraht, Je ca. 10 – 12 cm groß

Oben v.l.n.r.: Hirte 3, Mädchen, Soldat, Engel
Darunter v.l.n.r.: Hirte 2, Hirte 1, Beduine klein, Beduine groß

Die Puppen sind auch einzeln erhältlich

Einzelpreis: € 12,90, ab 5 Ex. je € 10,90, ab 10 Ex. je 10,50 (gemischte MPr)
Günstiger Set-Preis der 8 Puppen: € 80,-, Best.-Nr. S677

Biegepuppen-Set „Passion/Ostern"

Individuelle Darstellung mit Figuren: 5 Biegepuppen, Standkreuz (20 cm), Rollstein (Buche),
schwarzes Tuch

Set-Preis der 8 Teile: € 59,-, Best.-Nr. S1199

10

neu

Biegepuppen-Set „Christfest"
Set mit 8 Figuren: Maria, Josef, Jesuskind in der Krippe, Engel, Hirte, Hirtenjunge, Ochse und Esel
Set-Sonderpreis: € 69,-, Best.-Nr. S1367

Hirte und Schafe

neu

Puppen-Set „Hirte mit Schafen" (ohne Deko)
Das Set umfasst: 1 Biegepuppe Hirte, 1 Hund, 5 weiße und ein schwarzes Schaf
Lieferung in einer Pappbox, € 12,90, Best.-Nr. 630

Krippe mit Jesuskind
Maße Krippe: 8,5 x 6,5 x 5,3 cm, Größe Kind: 7 cm
€ 12,90, Best.-Nr. 1477

Fingerpuppen-Set „Biblische Figuren"
8 Puppen (ca. 10 cm groß)
v. l. n. r.: Hirtenjunge, Maria, Prophet, Jesus, König, junge Frau, Jünger, vornehme Frau. (Nicht einzeln erhältlich.)
Set mit 8 Fingerpuppen: Sonderpreis € 19,-, Best.-Nr. S1175

Set Schafe aus Holz – 3 Schafe aus Holz
Hergestellt im Erzgebirge, handgeschnitzt, € 14,90, Best.-Nr. 1380

Biegepuppen-Set „Heilige Drei Könige" ▶
Als Ergänzung zu unserem Biegepuppen-Set „Weihnachten".
Größe: 10 - 12 cm, im Set
Einzelpreis € 12,90 (gemischte MPr)
einzeln v.l.n.r.: 1258 (Kaspar), 1257 (Balthasar), Best.-Nr. 1256 (Melchior)
Set-Preis der 3 Puppen: € 29,90, Best.-Nr. S1259

Biegepuppen XXL

Zum anschaulichen Erzählen biblischer Geschichten

Die XXL-Biegepuppen sind ca. 32 cm hoch und je ca. 340 g schwer.
Jede Figur in den Sets kann auch einzeln erworben werden.

Biegepuppen-Set XXL „Heilige Drei Könige"

3 Figuren im Set

einzeln v. l. n. r.: Best.-Nr. 1278 (Melchior), Best.-Nr. 1276 (Kaspar),
Best.-Nr. 1277 (Balthasar)

Figuren einzeln: € 35,-, Set-Preis: € 95,-

Best.-Nr. S1279

Biegepuppen-Set XXL – Weihnachten

Sechs Biegepuppen mit Krippe

Engel (Best.-Nr. 1292)
Josef (Best.-Nr. 1294)
Maria (Best.-Nr. 1295)
Jesuskind (Best.-Nr. 1296)
Krippe (Best.-Nr. 1396)
Hirte hell (Best.-Nr. 1293)
Hirte dunkel (Best.-Nr. 1298)

Figuren einzeln: € 35,-
Set-Preis: € 199,-

Best.-Nr. S1399

Biegepuppen XXL-Einführungsset

4 Figuren XXL im Set: Jesus mit Stab (Best.-Nr. 1287), Engel (Best.-Nr. 1292),
Frau, z.B. Maria (Best.-Nr. 1295), Jünger (Best.-Nr. 1297)

Figuren einzeln: € 35,-, Set-Preis: € 120,-

Best.-Nr. S1299

Stadtmauer/ -tore/ -häuser

aus Erle sorgfältig gefertigt und geölt

Stadtmauer-Elemente   Großes Tor   Haus 1   Haus 2   Haus 3   Stadtmauer-Elemente   Kleines Tor

---

Für das anschauliche Erzählen der biblischen
Geschichten bieten Stadtmauer und Tore einen
passenden Rahmen. Zusammen mit unseren Biegepuppen und Tüchern lassen sich die Geschichten
weiter ausgestalten und anschaulich machen. – Ein
unvergesslicher visueller Eindruck, der haften bleibt,
auch wenn Worte vergessen werden!

Die Holzteile sind sorgfältig in Handarbeit gefertigt.
Es sind hochwertige Bausteine für charakteristische
Legegeschichten, Bausteine, die ihren Wert behalten.
Sie können alle Teile als Einzelstücke erwerben und
sich somit Ihre Stadtmauer mit Toren, Häusern und
Palmen selbst zusammenstellen.

Einzelteile (Erle):

Stadtmauer-Element: 10 cm, € 4,90, Best.-Nr. 1494

Häuser: ca. 11,5 cm hoch, je € 9,90
Best.-Nr. Haus 1: 1511
Best.-Nr. Haus 2: 1512
Best.-Nr. Haus 3: 1513

Stadttor groß: 23 cm hoch, € 29,-, Best.-Nr. 1497

Stadttor klein: 17 cm hoch, € 19,90, Best.-Nr. 1498

Palme: 15 cm hoch, bunt bemalt, € 14,90
Best.-Nr. 1493

Jesusboot mit Segel *(ohne Insassen)*

Dem Fund eines Bootes im See Genezareth aus
der Zeit Jesu nachempfunden.
Maße: ca. 28 cm lang, 22 cm hoch (mit Segel),
13 cm breit

€ 49,-, Best.-Nr. 1275 ▼

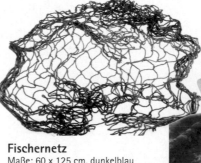

Israel-Haus *(ohne Deko)*

Bemalte 6 mm MDF-Platten
Maße: 25 x 30 cm

Die Platten lassen sich einfach im Baukasten-System
zusammenstecken.
Das Israel-Haus kann mit Biegepuppen kombiniert
werden.

€ 35,-, Best.-Nr. 549

Fischernetz
Maße: 60 x 125 cm, dunkelblau
€ 9,90, Best.-Nr. 1288

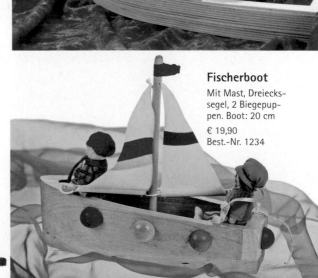

Fischerboot

Mit Mast, Dreiecks-
segel, 2 Biegepup-
pen. Boot: 20 cm

€ 19,90
Best.-Nr. 1234

Arche Noah mit Tieren klein (ohne Tuch und Regenbogen)

Günstiges Komplettangebot mit 30 Tieren, Noah und seiner Frau (farbige Holzfiguren).
Das abnehmbare Häuschen ermöglicht auch das Spielen im Innenbereich.
Maße: 30 cm breit, 15 cm tief, 16,5 cm hoch

€ 39,-, Best.-Nr. 1283

Holzkegel-Figuren

zum Bemalen und
Bekleiden

XXL: 16,5 cm groß,
einzeln € 3,90
Best.-Nr. 1454

je 10 Kegel im Beutel:

groß: 10 cm groß,
€ 12,90, Best.-Nr. 1208

mittel: 7 cm groß,
€ 9,90, Best.-Nr. 472

klein: 5 cm groß,
€ 5,90, Best.-Nr. 471

Palme (Erle bemalt)

sehr sorgfältig gearbeitet, mit Grundplatte,
15 cm hoch, € 14,90,
Best.-Nr. 1493

Sisal-Puppen

in drei Größen *(mit Schnittmusterbogen)*

Groß: 20 cm hoch,
€ 5,90, Best.-Nr. 1144

Mittel: 15 cm hoch,
€ 4,90, Best.-Nr. 1159

Klein: 11,5 cm hoch,
€ 3,90, Best.-Nr. 1158

Holzbrücke

mit Geländer, 15 cm lang,
7 cm breit, 8 cm hoch, € 4,90, Best.-Nr. 1383

Kleine Tongefäße (einzeln je € 2,90)

von l. n. r.:
Amphore: 7 cm hoch, Ø ca. 3 cm, Best.-Nr. 1173
Krug m. Ausguss: 4 cm, Ø ca. 3 cm, Best.-Nr. 1172
Topf: 3 cm hoch, Ø ca. 4 cm, Best.-Nr. 1171
Krug: 6 cm hoch, Ø ca. 4 cm, Best.-Nr. 1170
Set (4 Tongefäße): € 9,90, Best.-Nr. S1174

Stein-Brunnen

Terracotta, 4 cm hoch, Ø 6,5 cm
€ 3,90, Best.-Nr. 1247

Aus weißem Stein, 4,5 cm hoch, Ø 7 cm
€ 3,90, Best.-Nr. 1382

neu

Meine feste Burg ist Gott

(Psalm 46, Reformationsfest)
Schön gefertigte Burg aus Erle natur mit Rinde, symbolisiert diese Glaubenserfahrung von Gottes Schutz
Set umfasst 17 Teile, Maße: Wälle 58 mm hoch, Türme 90 mm hoch (ohne Deko)
€ 49,90, Best.-Nr. 1550

Die Idee für ein „Burgfest" mit Gottesdienstvorlage liegt der Lieferung bei.

neu

Klangschale groß
Messing handgeschmiedet, ca. 250-340 g,
mit Holzklöppel aus Buche (ca. 21 cm lang).
Voller lang anhaltender Klang
€ 34,90, Best.-Nr. 1537

Unser Angebot an Legetüchern und weiterem Material zur Gestaltung von Bodenbildern sowie Musikinstrumente stellen wir Ihnen in unserem Katalog vor.

Bitte anfordern unter: vertrieb@junge-gemeinde.de

„Rose von Jericho"
Die Wüstenpflanze wird grün, wenn sie in eine Wasserschale gelegt wird.

einzeln € 3,95, ab 50 Stck. je € 3,70
Best.-Nr. 430

Holzstern / Strahlenrauten aus Buche
mit Teelicht
Holzstern mit 12 Zacken, für eine gestaltete
Mitte (Stern-Ø 31 cm), € 22,90, Best.-Nr. 481

Einzelzacken (Buche)
für Spiel und Bewegungstanz
Zackenlänge 15,5 cm, mit Teelicht
einzeln € 2,-, Best.-Nr. 1071

15

Symbolbildkarten-Sets

Für die Gruppenarbeit in Schule und Gemeinde

Jedem Set liegt ein Heft mit kurzen Geschichten, Gebeten und Impulsen bei.

Je 20 Motive bzw. 40 Karten in einer Pappbox mit Schlaufe zum Zusammenstecken.
Maße Karten: 10,8 x 8,5 cm

Setpreis je € 14,90

neu

Trauer und Trost *(liegt der „Trauer-tasche" bei, s. S. 6)*   Best.-Nr. 1355

Die Schöpfung so schön
Best.-Nr. 1460

Gott, du bist wie ... *Gottesbilder*
Best.-Nr. 1464

geKREUZigt
Best.-Nr. 1461

HimmelsBoten
Best.-Nr. 1463

Lob und Dank
Best.-Nr. 1462

Bestellschein

Name   Kd.-Nr.

Straße   PLZ, Ort

Ich bestelle aus dem Verlag Junge Gemeinde
Postfach 10 03 55, 70747 Leinfelden-Echterdingen • Telefon: 0711 – 99078 –0 • E-Mail: vertrieb@junge-gemeinde.de
• Internet-Shop: www.junge-gemeinde.de

Stck.	Best.-Nr.	Artikel	Preis €

☐ Bitte schicken Sie mir/uns kostenlos den aktuellen Katalog mit dem Gesamtangebot zu.

Auf unserer Webseite www.junge-gemeinde.de finden Sie alle Artikel und weitere Angebote.
Bitte bestellen Sie über unseren Internet-Shop oder mit E-Mail/Fax. Eingehende Bestellungen werden zügig bearbeitet und mit der Post bzw. DPD verschickt.
Privatpersonen können ihre Bestellung innerhalb von 14 Tagen widerrufen. Anteilige Versandkosten pro Sendung: € 4,90.   Preisänderungen vorbehalten. Stand: August 2015

Lesenden die Bildwelt der Erzählung zum gemeinsamen Suchen, Ringen und Verstehen.

Das Erzählarrangement setzt ein besonderes Gleichnisverstehen voraus:

☞ Es geht zwischen Senfkorn und Himmelreich nicht um eine Eins-zu-eins-Übertragung; sondern im Entfalten der Bildwelt des Samenkorns zeigt sich eine Ahnung davon, wie sich auch das Himmelreich entfalten und ausbreiten kann.

☞ Das Bild bedarf keiner »Erklärung«. Fragmentarisch und unabgeschlossen bleibt es stehen, verbunden mit der Einladung: »Erzähl selbst weiter«.

Grundmuster des Gleichnisverstehens

Mit diesem Vorschlag wird ein neuerer Zugang zu Gleichnissen bevorzugt gegenüber den »klassischen« (für eine Orientierung vgl. Müller u. a. 2008: 16–25), die da wären:

☞ analoge Übertragung möglichst vieler Details – so wie es die Synoptiker selbst vorschlagen: Mk 4,14–20 parr.

☞ Gleichnis als Doppelgebilde aus Bild- und Sachebene; das »Eigentliche« ist unter der Oberfläche des Bildes zu entdecken und freizulegen.

☞ Suche nach dem Vergleichspunkt (tertium comparationis); vorausgesetzt wird, dass es einen einzigen Aspekt gibt, in dem sich das Erzählte mit dem Gemeinten trifft. Wer diesen findet, habe das Gleichnis »verstanden«.

Gemeinsam ist diesen Zugängen: Vermutet wird die Wahrheit unter der »Schale« der Geschichte. Die Schale muss geknackt werden, um zum Kern zu gelangen. Der Kern, der dann offenliegt, ist die (einzig richtige) Lösung.

Dagegen spricht: Jede echte Erzählung hat nicht nur ihren eigenen Wert und ihre eigene Wahrheit; sie ist gerade deshalb Erzählung, weil ihr Wert und ihre Wahrheit substanziell nicht anders aus-

gedrückt werden können als mit erzählerischen Mitteln (vgl. Nauerth 2009).

Dem entsprechen neuere Positionen: So sehen etwa Ernst Fuchs und Eberhard Jüngel das Gleichnis als »Sprachgeschehen« (Müller 2008: 26), Dan Otto Via als »autonomes Kunstwerk« (Müller 2008: 33), Georg Eichholz als »Spiel« (Müller 2008: 38). In diesem hermeneutischen Umfeld bewegen sich heute die meisten didaktischen Entwürfe zum Umgang mit Gleichnissen, so auch meine. Die Erzählung selbst soll sprechen und sich zeigen, und zwar im Spiel mit einem vorgegebenen Fragerahmen und in Spannung zu eher gewohnten und naheliegenden Antworten.

Von der Perle (Mt 13,45 f.)

»Das mit dem Senfkorn war zu schwer«, sagt Petrus zu Jesus. Es ist Morgen. Sie haben einen weiten Weg vor sich. »Gib mir ein leichteres Rätsel.«

Jesus überlegt. »Perlen«, sagt er. »Stell dir Perlen vor.« Die anderen Jünger rücken näher. Auch die Frauen. Die Augen glänzen. »Perlen sind wunderschön«, sagt Hanna. »Und stellt euch eine Frau vor«, fährt Jesus fort, »die solche schönen Perlen sammelt. Sie hat schon eine ganze Truhe voll.« – »Sie muss sie gut verstecken«, sagt Johannes.

»Eines Tages«, sagt Jesus, »nimmt die Frau all ihre Perlen aus der Truhe. Sie bringt sie einem Händler.« Die Frauen schlagen die Hände vor den Mund. »Die arme Frau. Sie muss in Not geraten sein!« Jesus schüttelt den Kopf. »Sie tauscht die Perlen alle«, sagt er, »für eine einzige, die ihr der Händler angeboten hat.« – »So viele?«, fragt Petrus. »Für eine?« Jesus sieht ihn an. »Das ist dein Rätsel, Petrus.«

»Als ich dich sah – dort am See«, sagt Petrus später zu Jesus, »da ließ ich alles andere ste- →

hen und folgte dir. Bist du die eine Perle, Herr?« Jesus legt ihm die Hand auf die Schulter. »Wenn Gott kommt, Petrus«, sagt er, »ist es wie im Himmel. Nichts anderes kann so kostbar sein!«

KOMMENTAR

In der Fortsetzung des oben zitierten Erzählbeispiels hat Petrus die Senfkornerzählung als »Rätsel« verstanden und festgestellt, dass er die »Lösung« nicht finden konnte.

Im Umgang mit dem Gleichnis von der Perle entdeckt er selbst einen Weg zur Lösung: Er tastet sich in die Geschichte hinein, versucht das Befremdliche zu ergründen – und landet bei einer biografischen Situation, die ihm ähnlich befremdlich vorkommt. Er erzählt weiter und endet mit einer Frage: »Bist du die Perle?« Er fragt nach einer Metapher, also vorsichtig genug. Jesu Reaktion darauf unterstreicht: Nicht ein Begriff ist die Lösung, sondern ein Empfinden, eine Erfahrung.

Damit ist deutlich: Um die Sorte Rätsel, die eine schnelle und eindeutige Lösung finden, geht es hier nicht. Eher um Gehirnjogging, Jogging für das »Dritte Auge« (Hubertus Halbfas).

Illustration von Barbara Nascimbeni aus: Steinkühler, Martina (2014): Die neue Erzählbibel, Stuttgart.

© Gabriel in der Thienemann-Esslinger Verlag GmbH Stuttgart

Ein fruchtbarer didaktischer Ansatz

Beide Textproben sind so erzählt, dass sie Leserinnen und Leser dazu einladen, es Petrus, Maria und Co. gleichzutun, d. h. auch selbst mitzuraten – und dabei zu entdecken, wie dies gelingt: Mit Verwunderung beginnt es, mit einem Befremden, das ausgehalten werden darf; tastend, fragend, ahnend geht es weiter. Eine Formel findet sich nicht. Keine »Lösung« wie bei einer Matheaufgabe. Und dennoch – vielleicht – ein Gefühl des Einverständnisses.

In erklärende Worte fügt es sich schwer; aber Ausdrucksmöglichkeiten lassen sich finden. Man kann …

- ☞ es weitererzählen,
- ☞ neue Geschichten erzählen,
- ☞ erzählen mit Bildern und Farben,
- ☞ dichten (z. B. Elfchen oder Haiku).

Jesus erzählt von Gottes Gerechtigkeit (Mt 20,1–16)

»Unser tägliches Brot gib uns heute« – das hat Jesus uns vorgebetet. Er hat dazu eine Geschichte erzählt, über die sich viele ärgerten. Hört selbst:

Das Himmelreich ist, als wenn ein Weinbergbesitzer zum Markt geht, um Arbeiter anzuwerben für die Ernte. Und morgens findet er welche und sagt: »Kommt, arbeitet heute in meinem Weinberg. Ich gebe euch einen Denar.« Das ist genug für das tägliche Brot.

Am Mittag aber geht er noch einmal zum Markt und wieder findet er Leute. »Kommt, arbeitet heute in meinem Weinberg«, sagt er. »Ich gebe euch, was recht ist.« Und nachmittags geht er noch zweimal und findet Leute. Und schickt sie in seinen Weinberg und spricht: »Ich gebe, was recht ist.«

Zum letzten Mal geht er eine Stunde vor dem Feierabend. Und wieder findet er Leute. »Warum steht ihr hier und arbeitet nicht?«, fragt er. Sie aber antworten: »Keiner hat uns eingestellt.« Da sagte er: »So geht in meinen Weinberg. Ich gebe euch, was recht ist.« Und sie tun, was er sagt.

Dann ist Feierabend. Der Herr des Weinbergs zahlt die Löhne aus. Und denen, die zuletzt gekommen sind, gibt er einen Denar. Und denen davor und denen davor – und dann den Ersten auch. Die murren und ziehen lange Gesichter. »Ihr denkt, dass ich ungerecht bin?«, fragt der Weinbergbesitzer. »Bedenkt doch: Ich gebe jedem sein tägliches Brot.«

KOMMENTAR

Weniger unbefangen als mit den Gleichnissen im engeren Sinn (Bezeichnung der Gattungen nach Jülicher und Bultmann, vgl. Müller 2008: 22) ist mit Parabeln umzugehen. Sie erzählen einen »außergewöhnlichen Einzelfall«, der überdies dem Gewohnten und Erwarteten sperrig und anstößig entgegensteht. Die Erfahrung – gerade mit den »Arbeitern im Weinberg« – hat gezeigt, dass hier das freie Einfühlen und Stellungnehmen eher in Kritik als in Einverständnis mündet. Wenn die Auseinandersetzung dabei stehen bleibt, geht die positive Kraft der Provokation – und damit das Wesentliche des Gleichnisses – verloren.

Darum wird diese Parabel in meiner Werkstatt nicht als Rätsel, sondern als Paradox erzählt: Der abschließende Deutesatz setzt ins rechte Licht, was innerhalb der Erzählung Anstoß erregt. Die Herausforderung an die Leserschaft besteht dann nicht darin, sich frei in der Erzählung zu orientieren, sondern das in der Erzählung Erlebte mit dem Deutesatz ins Gespräch zu bringen. Es gibt drei Reaktionsmöglichkeiten:

☞ sich einzufühlen in den Spagat,
zu dem herausgefordert wird,

☞ sich ein Stück zurückzuziehen und
gewissermaßen um Bedenkzeit zu bitten,

☞ sich abzusetzen und zu sagen:
Da kann ich nicht mit.

Dies ist eine ähnliche Entscheidungssituation wie am Ende des Jona-Buches oder der Parabel vom Guten Vater: Auch da lautet die Frage nicht: Wie findest du das? Sondern: Kannst du es (ein-)sehen, kannst du mitgehen (oder – noch – nicht)?

Jesus erzählt von einem Vater und seinen Söhnen (Lk 15,11–32)

© Vandenhoeck & Ruprecht Göttingen

»Freut euch mit mir!«, rief Jesus den Menschen zu, die Anstoß daran nahmen, dass er den Zachäus vom Baum geholt hatte. »Freut euch mit mir, denn er war verloren und ist gefunden worden!«

»Freu dich mit mir«, hatte Gott in einer alten Geschichte zu Jona gesagt, seinem Propheten. »Die Stadt Ninive war verloren und sie ist gerettet worden.«

»Freu dich«, sagt auch der Vater zu seinem älteren Sohn in einer Geschichte, die Jesus erzählte. »Freu dich, dein Bruder war tot und ist auferstanden. Er war verloren und ist uns wieder geschenkt worden.«

Aber der Bruder, erzählte Jesus, hat Schwierigkeiten, sich zu freuen. Er findet das nämlich ungerecht. Da ist sein jüngerer Bruder – losgezogen ist er, mit seinem Teil des Erbes, um nichts hat er sich gekümmert, weder um Haus noch Hof noch die Familie. Der Vater hat nichts dazu gesagt. Und dann ist er wiedergekommen, der jüngere Bruder – mit nichts als Dreck in den leeren Händen. Und der Vater? Breitet die Arme aus! Lacht und weint vor Freude. Gibt ein Fest.

»Ja, wirklich, der ältere Bruder hatte Schwierigkeiten, sich zu freuen«, erzählte Jesus. »Dieser Vater ist ein Weichei«, sagten einige der Zuhörer.

»Dieser Vater«, sagte Jesus, »ist wie mein Vater. Und eurer: Gott im Himmel.«

KOMMENTAR

Hier wird der Anstoß auf die Spitze getrieben: Überdeutlich wird die Milde des Vaters erzählt, aus der Perspektive von Menschen, die überhaupt kein Verständnis dafür haben. Der Deutesatz sieht aus wie eine einfache Gleichung. Die Herausforderung besteht jedoch darin, dies nicht so stehen zu lassen, sondern der Frage (dem Rätsel) nachzugehen, worin wohl diese (ungleiche) Gleichheit bestehen könnte. Die Einleitungssätze geben Hinweise …

Gleichnisdidaktik mit Widerhaken

Beide Möglichkeiten des Umgangs mit Gleichnissen weisen in die gleiche Richtung: Damit die kleinen Erzählungen nachhaltig zu denken geben, müssen sie Anstoß erwecken. Das geschieht, je nach Gattung, durch ihre Gestaltung als Rätsel oder mithilfe eines Deutesatzes, der das Erzählte in ein bestimmtes Licht stellt – provokativ oder sogar paradox.

In jedem Fall zielt die Beschäftigung mit dem Gleichnis nicht auf eine feste, »richtige« Deutung, sondern auf seine Öffnung. Der Bibeltext wird zur Anfrage an das je eigene Wertesystem, Gottes-, Welt- und Selbstbild.

Übrigens: Gleichnisse bieten eine einmalige Gelegenheit, den Umgang mit der Bibel insgesamt einzuüben. Wie Gleichnisse, so sind auch alle anderen Bibelerzählungen Stücke narrativer Religion. Was sie zu sagen haben, ist im Inneren ihres Gefüges – zwischen den Zeilen – zu entdecken, jedoch nicht so, als könne man die Schale ablösen, um zum Kern zu gelangen, sondern vielmehr so, dass im ganzheitlichen Erleben des Erzählten eine Ahnung tieferen (bzw. höheren) Sinns aufscheint. An Gleichnissen ist diese Art und Weise der Wahrnehmung und Erprobung leichter zu üben als an anderen Erzählungen. Denn Gleichnisse verführen weit weniger als andere zu dem historisierenden Missverständnis, sie seien »wirklich passiert«.

Dr. Martina Steinkühler, Professorin für Religionspädaogik/Gemeindepädagogik an der Evangelischen Hochschule in Berlin, ist Autorin einer Kinderbibel, diverser Ausgaben von Bibelgeschichten sowie bibeldidaktischer Entwürfe.

Literatur

Müller, Peter/Büttner, Gerhard/Heiligenthal, Roman/Thierfelder, Jörg (22008): Die Gleichnisse Jesu. Ein Studien- und Arbeitsbuch für den Unterricht, Stuttgart.

Nauerth, Thomas (2009): Fabelnd denken lernen. Konturen biblischer Didaktik am Beispiel Kinderbibel, ARP 42, Göttingen.

Steinkühler, Martina (2011): Bibelgeschichten sind Lebensgeschichten, Göttingen.

Steinkühler, Martina (2014): Jesus erzählt von Gottes Gerechtigkeit (Mt 20,1–16), unter: Biblische Grundtexte/Neues Testament/Matthäus. Online unter: www.martina-steinkuehler.de.

Steinkühler, Martina (2014): Die neue Erzählbibel, Stuttgart.

Wir danken den Verlagen Gabriel in der Thienemann-Esslinger Verlag GmbH Stuttgart für die freundliche Abdruckgenehmigung der Gleichnisse Vom Senfkorn und Von der Perle. Ebenso danken wir Vandenhoeck & Ruprecht Göttingen für die freundliche Abdruckgenehmigung des Gleichnisses Jesus erzählt von einem Vater und seinen Söhnen aus »Bibelgeschichten sind Lebensgeschichten« (s. Literatur).

UND WAS GLAUBST DU?

Himmelsvorstellungen bei den Kleinsten

Maike Lauther-Pohl

Im Bus. Zwei dreijährige Jungs unterhalten sich. Das heißt, eigentlich redet nur der eine. Er redet und redet. Es geht um etwas, das ganz lange dauert. Dann sagt er:
»... aber dann bin ich schon im Himmel.«
Pause
»Im Kinderhimmel.«
Längere Pause.
»Aber das will meine Mama nicht ...«

Wer oder was oder wo ist der Himmel für kleine Kinder? Das hängt von ihren Erfahrungen ab. Himmelsvorstellungen – nicht nur von Kindern – kann man als eine Mischung aus eigenen Erfahrungen, Aufnahme von Informationen anderer und individuellen Sehnsüchten beschreiben.

Weltverständnis aus eigenen Erfahrungen und Deutungen anderer

Kinder lernen die Welt durch Ausprobieren, Forschen, Fragen und wieder neues Ausprobieren kennen. Auf vielfältige eigene Erfahrungen treffen Aussagen und Deutungen aus ihrem Umfeld. Kinder lernen, wie ihre Bezugspersonen die Welt verstehen.

Sie leben vor einer »kulturellen Tapete«, sagt die Religionspädagogin Anna-Katharina Szagun. Mit viel Phantasie entwickeln Kinder dann daraus eigene Vorstellungen. Dabei stehen sie selbst im Mittelpunkt. Ihre Phantasie wird zunächst noch nicht von logischem Denken ausgebremst. Solche ersten konkreten Vorstellungen können langlebig und prägend sein, hält der Theologe und Entwicklungspsychologe James Fowler fest.

Entwicklung des Glaubens von Anfang an

Glaubensentwicklung beginnt bereits im Säuglingsalter, nämlich mit den allerersten Erfahrungen. Wissenschaftlich steht fest: Nicht erst die Fähigkeit zum kognitiven Verstehen ermöglicht Gedanken über Gott und die Welt, es beginnt viel früher. Atmosphäre und Gefühle der ersten Lebensphase, die Säuglinge an ihren Beziehungspersonen erleben, gestalten spätere Glaubenshaltungen mit.

Zunächst kann Glaube als eine Art »Heimatgefühl« verstanden werden, sagt der Religionspädagoge Fulbert Steffensky. Natürlich können spätere Erfahrungen den individuellen Glauben weiter prägen, verändern und gestalten. Doch schon von Anfang an finden in der Begegnung mit Bezugspersonen Prägungen statt, die mitentscheiden, welches

Verhältnis zur Welt und – wenn Kinder das Reden von Gott erleben – auch zu Gott sich später entwickelt. Lebensvollzüge und religiöse Lernprozesse sind untrennbar miteinander verwoben, bringt es Szagun auf den Punkt.

Bezugspersonen als Vorbild für himmlische Erlebnisse

Kinder nehmen zunächst Eltern und dann auch weitere Bezugspersonen wie z. B. pädagogische Fachkräfte als scheinbar allmächtige Quelle von Zuwendung und Versorgung wahr. Das erste kindliche Erleben bewegt sich in der Spannung zwischen Urvertrauen und Urmisstrauen, zwischen Geborgenheit und Verlassenwerden. Es geht um gelingende Bindungen, die Vertrauen ins Leben trotz widersprüchlicher Erfahrungen ermöglichen. Erfahrungen, versorgt, ernst genommen, beschützt, gehalten, geliebt, angenommen, wertgeschätzt zu werden und sich selbst ausprobieren zu dürfen, sind Voraussetzungen für Vertrauensbildung. Erste Erfahrungen mit »Da ist jemand, der für mich sorgt und mir Geborgenheit gibt« können später als bleibende Sehnsucht in den Glauben integriert und auf Gott bezogen werden. Diese Sehnsucht nach Geborgenheit – nach einem »Alles ist gut« – können in eine Vorstellung vom Himmel eingebaut werden.

Fotos: © Jonna Lauther

Kinder stellen religiöse Fragen

Zum Bemühen von Kindern, die Welt zu verstehen, gehören auch Fragen wie: »Was ist nach der Welt? Was ist, wenn ich, wenn mein Opa, wenn mein Meerschweinchen nicht mehr lebt?« Fragen nach dem »Danach« bringen Kinder unabhängig von ihrem Umfeld mit. Auch, wenn in Familien Gott, Glaube, Religion gar nicht gelebt oder thematisiert werden, gehören religiöse Fragen zum Entdecken der Welt hinzu. Es sind *religiöse* Fragen, weil sie über das Greifbare, Erklärliche, Sichtbare hinausgehen. Ob solche religiösen Fragen auch religiöse Antworten erhalten, hängt dann allerdings von dem Umfeld ab.

Ob Kinder also Vorstellungen vom Himmel als einem Ort für das »Danach« entwickeln, ob sie gar mit theologischen Begriffen wie »Reich Gottes« etwas verbinden, hängt also davon ab, ob ihre Beziehungspersonen – Eltern und Großeltern, pädagogische Fachkräfte, Freunde – mit ihnen darüber sprechen.

Reden über den Himmel als Voraussetzung für Himmelsvorstellungen

Versprachlichung von persönlichen Glaubensinhalten ihres Umfeldes ist für Kinder – schon vom Säuglingsalter an – das Geländer, an dem sie in der eigenen Glaubensentwicklung entlanglaufen können, um dann selbständig ihren eigenen Glauben zu entwickeln. Erleben Kinder in ihrem Umfeld sprachlich und gedanklich, dass das Nachdenken über ein Leben nach dem Tod vorkommt, können Kinder dieses phantasievoll in ihre Sicht der Welt einbauen und

auf der Grundlage ihrer Erfahrungen weiterentwickeln. Hören sie in Gesprächen und im Erzählen biblischer Geschichten davon, dass es traurig ist, wenn Menschen sterben, dass es aber gut ist dort, wo sie dann sind, weil Christinnen und Christen glauben, dass sie bei Gott sind, bekommen sie damit Anregungen, sich ein eigenes Bild von diesem Ort zu machen. Hier spielen die oben genannten Erfahrungen aus den ersten Lebenswochen und -monaten eine Rolle.

Himmel = Frühe Geborgenheitserfahrungen + Reden + Hoffnung auf »Alles ist gut«

Das Reden vom Himmel oder Geschichten aus der Bibel dazu verbinden sich mit Ersterfahrungen wie »Ich werde versorgt, es kümmert sich jemand um mich« oder »Da ist jemand, der mich liebt« oder »Es ist schön, wenn mich jemand im Arm hält«.

Das Reden über den Himmel wird angereichert mit eigenen Erfahrungen, Begriffe vom Himmel oder auch vom Reich Gottes können mit inneren Bildern von Behütetsein und Geborgenheit verbunden werden. Der Himmel – dort, wo es reich an Gott ist – kann positiv aufgeladen werden durch eigene positive Erfahrungen. Da sich die Wirklichkeit aber häufig anders anfühlt, können sich in der Vorstellung vom »Himmel« (der in der Regel mit einem zeitlichen »später« verbunden wird) Sehnsüchte sammeln, die damit zusammenhängen, frühere Erfahrungen von Geborgenheit, Sicherheit, Geliebtwerden wiederzuerlangen.

→

Himmelsvorstellungen von Kindern entwickeln sich also aus vielen einzelnen Grunderfahrungen in Kombination mit dem, was sie von Beziehungspersonen aufnehmen und für sich selbst erhoffen.

Reden auch über den Tod

Zu Gesprächen über den Himmel gehört das Nachdenken über Tod und Sterben. Bei Erwachsenen erzeugen solche Gespräche häufig Unsicherheit, bei Kindern selten. Kinder begegnen dem Thema mit Neugier. *Nach der Beerdigung eines Nachbarn schaut die Fünfjährige ihren Großvater am Essenstisch in großer Familienrunde an und fragt: »Opa, bist du der nächste, der stirbt?«*

Das Reden über den Tod und das »Danach« wird noch nicht als bedrohlich erlebt, weil das Todesverständnis nicht dem von Erwachsenen entspricht.

Vier wesentliche Dimensionen des Todes lernen wir Menschen erst nach und nach zu verstehen. Für Kinder im Krippen- und Kindergartenalter ist es noch nicht möglich, diese zu erfassen,

... dass der Tod völligen Stillstand der Körperfunktionen bedeutet (**Nonfunktionalität**),

... dass der Tod nicht mehr rückgängig zu machen ist (**Irreversibilität**),

... dass alle Lebewesen einmal sterben müssen (**Universalität**),

... dass die Ursachen des Todes biologisch sind (**Kausalität**).

Der Tod ist für sie daher kaum angstbesetzt. Machen allerdings Kinder reale Erfahrungen von Tod und Abschied im nahen Umfeld, sind Verluste und die damit zusammenhängenden Veränderungen schon für die Kleinsten deutlich spürbar. Vielfältige emotionale Reaktionen durch das Verlusterlebnis sind möglich.

Theologisieren über den Himmel

Es ist spannend, mit Kindern ins Gespräch über den Himmel zu kommen und ihnen dadurch die Möglichkeit zu geben, ihre Vorstellungen zu fassen und weiterzuentwickeln. »Theologisieren mit Kindern« sollte eine Begegnung auf Augenhöhe sein und dem Tempo des Kindes folgen.

Authentisch sein

Religionspädagogisch ist es wichtig, nur das zu sagen, was ich selbst als Erwachsener glaube. Nachgesprochenes oder vermeintlich auf die Entwicklung des Kindes Zugeschnittenes, das aber späterer logischer Überprüfung nicht standhält, erspüren Kinder schnell. Es erschwert ihnen die Unterscheidung zwischen dem, was wirklich zu ihrem Gegenüber gehört und damit Wahrheitscharakter hat und dem, was letztlich bedeutungslos ist. Wenn Kinder spüren, dass ein Gespräch über Tod und Himmel nicht abgeblockt wird, sondern gewünscht ist, kann sich ihre eigene Vorstellung davon entfalten. *»Du, Lisa*

sagt, wenn man tot ist, wird man begraben und ist in der Erde und die Würmer essen einen auf.« In diesem Satz, an die Erzieherin gerichtet, steckt die Frage: »Glaubst du das auch? Was glaubst du, ist, wenn man tot ist?«

Ich-Perspektive nutzen

Dafür ist es wichtig, von Gott nur im Konjunktiv zu reden, nicht im Absolutheit beanspruchenden Indikativ, sowie relativierende Partikel zu benutzen, wie »vielleicht«. *»Bei Gott könnte es sich anfühlen wie in einer Hängematte«* statt *»Bei Gott ist es wie in einer Hängematte«.* Was wir von Gott sagen können, ist immer nur eine vermutete Beschreibung aus unserem Glauben heraus. Dazu ist es unumgänglich, in »Ich-Formulierungen« zu sprechen: *»Ich glaube, im Himmel ist es warm und schön«* statt *»Im Himmel ist es warm und schön«.* Es ist sinnvoll, im Gespräch über Himmelsvorstellungen auch begrifflich und bildlich an vermutete Ersterfahrungen der Kinder anzuknüpfen: *»Ich stelle mir vor, dass es im Himmel warm und kuschelig ist. Dass es dort so ist, als ob mich Gott auf dem Arm hält.«*

Aushalten, dass Fragen offen bleiben

Theologische Fragen dürfen – manche müssen – offen bleiben oder haben viele mögliche Antworten. Es ist gut, sich als Erwachsener klar zu werden: Es ist keine Schwäche, keine Antwort auf Fragen nach dem Himmel zu haben, sondern eine Stärke, dieses im Gespräch deutlich zu machen und mit dem Kind gemeinsam auf Antwortsuche zu gehen.

Offene Fragen stellen

Hilfreich ist ein offener Dialog, der beides ermöglicht: die Beschreibung dessen, was bei dem Kind obenauf liegt (*»Wie stellst du es dir denn vor?«*) und das Hören auf das, was die Bezugsperson über den Himmel glaubt. Nach dem Erzählen der eigenen Himmelsgedanken kann sich gut die Frage anschließen: *»Und was glaubst du?«*

Erleben Kinder solches Sprechen über Gott, die Welt und den Himmel von Anfang an, erleichtert das ihnen, eigene Vorstellungen vom Himmel und in Zukunft einen tragfähigen Glauben zu entwickeln.

Maike Lauther-Pohl ist Pastorin und Theologische Referentin für Religionspädagogik im Verband Evangelischer Kindertageseinrichtungen in Schleswig-Holstein e. V. (VEK).

David Du Mortier & Zoon, Hans Sebald Beham, Anonymous, 1791; Quelle: Rijksmuseum Amsterdam

ERLÖSE UNS VON DEM BÖSEN, DENN DEIN IST DAS REICH

Mit Konfirmanden über Gott und das Böse reden

Matthias Röhm

Wenn wir uns in der Konfirmandenarbeit mit dem Vaterunser beschäftigen, machen wir bei der Bitte »Erlöse uns von dem Bösen« häufig zwei Beobachtungen, die aber wohl nicht nur für Konfis gelten. Erste Beobachtung: Die Jugendlichen sind von der Existenz des »Bösen« fest überzeugt. Das haben sie kennengelernt. Entweder am eigenen Leib oder doch zumindest aus Berichten beispielsweise über die Shoa oder die Gräueltaten bei Bürgerkriegen. Zweite Beobachtung: Sehr häufig wird Gott nicht (mehr) zugetraut, dass er das Böse besiegen kann. Oder will.

Der Kinderglaube wird abgelöst von einer kritischen Haltung, die hinterfragt. Die Vorstellung vom Bösen ist stark präsent bei den Konfis, geprägt vom eigenen Erleben, der Literatur, durch Filme, Games etc. Das Böse ist dann immer erschreckend und fas-

zinierend zugleich. Und oft hat das Böse eine eigene, übergroße Macht, die dem Machtbereich Gottes gegenübergestellt, manchmal sogar übergeordnet wird.

Warum denn gibt es so viel Böses, so viel Leid? Und warum tut Gott nichts dagegen? Diese Frage, die Theodizeefrage, ist beinahe so alt, wie der Glaube selbst. Für viele Menschen ist die Antwort klar: Gott kann es nicht geben, denn Gott würde das Böse niemals zulassen. Grundlage dafür ist oft auch ein Gottesbild, demzufolge Gott alles Gute gibt, das Schlechte wird gotteswidrigen Kräften zugeschrieben. Gott ist die Liebe und nur die Liebe. Ein Gottesbild, das die Kanten und Ecken Gottes eliminiert: *Herr, deine Liebe ist wie Gras und Ufer ...* – Ein schönes Lied, das jedoch nur die guten Seiten Gottes zulässt. Ein Gottesbild, das dann bei der →

»Adolf Hitler sah sich als Werkzeug Gottes, der mit dem Holocaust die Heilung Deutschlands und der ganzen Welt bringen wollte.« (Michael Schmidt-Salomon)

Erfahrung von Leid, Krankheit und Tod zu zerbrechen droht. Nun ist aber noch immer nicht geklärt, wie sich das mit Gott und dem Bösen verhält und wie das Böse in die Welt kam.

Die Bibel berichtet, ganz zu Beginn, im sogenannten Sündenfall (Gen 2) davon, wie es zur Erkenntnis von Gut und Böse kam. Vorher gab es diese Unterscheidung nicht. Die Welt und die Menschen, sie waren einfach. Sie waren nicht gut und nicht böse. Mit dem »Sündenfall« und der Erkenntnis kam die Einteilung in Gut und Böse, in schwarz und weiß, in stark und schwach, in Mann und Frau. Unterschiede jedoch bewirken Konflikte. Mit dem Sündenfall kam das Leid in die Welt. Eberhard Jüngel sieht das Böse als theologisch und ontologisch ortlos. Die menschliche Erfahrung ist der Ausgangspunkt der Zuschreibung des Bösen, und Leid gehört zu den Grunderfahrungen des Menschen, bis heute. Böses wird besonders da wahrgenommen, wo Menschen leiden. Was aber böse ist, das wird von außen zugesprochen, bewertet und beurteilt. Denn Dinge und Menschen sind nicht an sich böse, sondern nur in Relation zu Gutem oder als gut Befundenem. Darum wird dem Bösen in den theologischen Diskussionen kein eigenes Sein zugesprochen, sondern es gibt lediglich einen Mangel an Gutem bzw. die Negation des Guten. Das Gute wiederum ist definiert: »Es ist dir gesagt, Mensch, was gut ist und was der HERR von dir fordert, nämlich Gottes Wort halten und Liebe üben und demütig sein vor deinem Gott« (Mi 6,8). So ist auch spannend, dass die Beurteilung dessen, was böse ist, sich nicht am Täter orientiert, sondern am Opfer. Das Böse wird nicht vom Handeln her erkannt, sondern vom verursachten Schaden. Das legt dann auch einen Denkfehler offen von Michael Schmidt-Salomon in seinem Buch »Jenseits von Gut und Böse«. Er entwickelte eine atheistische Position und bezeichnete die Vorstellung des Bösen als eine Wahnidee, für die es in der Wirklichkeit keine Ent-

sprechung gebe. In seinen Argumentationen können z. B. Hitler oder Eichmann nicht als böse bezeichnet werden, da sie als Menschen ihrer Zeit mit diesem Gedankengut groß geworden sind und entsprechend auch nur so reagieren konnten, wie es ihnen vorgegeben war. Ein freier Wille wird von Schmidt-Salomon verneint. Allerdings geht er hier, anders als die biblischen Traditionen, vom Täter aus, nicht vom Schaden, der durch ihr Handeln entsteht.

Die Bibel jedenfalls weiß an ihrem Ende zu berichten, dass erst am Jüngsten Tage das Leiden der Menschen ein Ende finden wird. Dann werden alle Tränen abgewischt sein, und das Böse wird keine Macht mehr haben (Offb 21).

Eine Konfirmandin legte in einer Gruppenarbeit ihr Gottesbild dar: »Gott hat alles erschaffen. Er hat die Welt erschaffen und als sehr gut befunden. Gott hat aber auch das Böse erschaffen. Woher soll es denn sonst kommen?« Das führte zu heftigen Diskussionen. Die Vorstellung, dass Gott für das Böse verantwortlich sei, das war für die anderen in der Gruppe nicht zu ertragen, passte nicht in ihr Gottesbild vom Lieben Gott. Jes 45,7 beschreibt jedoch genau solch ein sehr ursprüngliches Gottesbild, in dem Gott für das Gute und das Böse gleichermaßen verantwortlich ist. »Der ich das Licht mache und schaffe die Finsternis, der ich Frieden gebe und schaffe Unheil. Ich bin der HERR, der dies alles tut.« Gott hat die Welt erschaffen, und damit das Gute und auch das Böse. Die ursprüngliche Vorstellung, dass beides in Gott vereint ist, war jedoch für die Menschen schwer zu begreifen, weshalb ein »Gegenspieler« eingeführt wurde, eben Satan, Luzifer oder die Schlange in der Schöpfungsgeschichte. Doch sind diese selbst auch geschaffen, als Geschöpfe, als Mitglieder des Hofstaates Gottes, und im Falle von Luzifer dann als »gefallener« Erzengel. In den biblischen Büchern ist eine Entwicklung zu erkennen, dass diesen »Gegenspielern« immer mehr

Macht eingeräumt wird, doch immer in Abhängigkeit von Gott. In der Zeit des Neuen Testaments war dieser »Gegenspieler« eine feste Größe in der theologischen Vorstellung. Das wird auch in der Geschichte der Versuchung Jesu deutlich. Hier liegt die theologische Aussage darin, dass das Böse bereits jetzt überwunden ist, Jesus lässt sich nicht von dem Weg abbringen zu Kreuz und Auferstehung. Er, als der »zweite Adam«, widersteht der Versuchung, im Unterschied zum »ersten Adam«. Der Gegenspieler hat zwar jetzt noch Macht in der Welt, ist aber bereits besiegt. Die ursprüngliche Schöpfung kann wiederhergestellt werden. In eine ähnliche Richtung weist auch Jesu Jubelruf über den Himmelssturz Satans (Lk 10,18). Das Reich Gottes ist angebrochen, Satan ist die Macht genommen.

Ein anderer Zugang zur Erklärung des Bösen in der Welt könnte über die Psalmen erfolgen. Sie »bieten die Gelegenheit, bei der Frage nach der Bewältigung des Bösen seine konkreten Erfahrungsorte im Blick zu behalten, um die Rede vom Bösen aus unangemessener Abstraktheit zu lösen« (Grund 2012: 57). In den Psalmen wird erlebtes Unheil angesprochen. Schreckliche Erfahrungen, die zur Sprache zurückgefunden haben, sind dann auch schon ausgestanden und werden in den Texten, sogar in poetischer Form, verarbeitet. Die Psalmen gehen allerdings nicht auf unmittelbare, individuelle Erlebnisse ein, sondern auf die überindividuelle Verarbeitung der erlebten Wirklichkeit. Die Erfahrungen von Bösem finden sich vor allem in den Klageliedern des Einzelnen und des Volkes. Formen des Unheils sind:

- Krankheit, leibliche und emotionale Lebensminderung (Ich-Klage)
- Ferne, Verborgenheit und Zorn Gottes (Gottes-Klage)
- Boshaftes, hinterhältiges und demütiges Handeln der Feinde oder der Verwandten und Freunde (!) (Feind- und Freund-Klage)

Mit der Versprachlichung des Unheils ist es nun auch leichter möglich, die Ursachen des Übels zu finden und es an seiner Wurzel zu bekämpfen. Spannend ist es, ausgewählte Psalmen in der eigenen Unterrichtspraxis so aufzubereiten, dass die darin zugrunde liegenden Erfahrungen herausgearbeitet und die angebotenen Handlungsstrategien erfasst und gemeinsam diskutiert werden können. Der Vorteil liegt darin, dass die Jugendlichen nicht von sich und eigenen Erfahrungen mit dem Bösen ausgehen, sondern dass in den überindividuellen Erfahrungen in den Psalmen die individuellen anschlussfähig werden und Lösungsstrategien ausprobiert werden können. Nehmen wir als Beispiel den Psalm 73, der von der Erfahrung ausgeht, dass es guten Menschen schlecht, bösen Menschen aber gut geht. Gewaltausübung, Machtstreben, Hochmut, Selbstbetrug und das Einnehmen von Gottes Stelle sind Kennzeichen des Bösen in diesem Psalm,

das Leiden des Beters sind Plagen (9), Vergeblichkeit des guten Tuns (13), Leiden an den Reden der mächtiger werdenden Frevler (14) und die fehlende Gewissheit der Nähe Gottes. Die Überwindung des Bösen liegt in der Einsicht der unverbrüchlichen Nähe Gottes (*Gott nahe zu sein ist mein Glück*), auch über den körperlichen Tod hinaus. Daraus ergibt sich eine andere Sicht auf das Sinnlose und das Sinnwidrige. Die Konsequenz daraus ist allerdings kein untätiges Verharren. Die andere Sichtweise fordert auf, aktiv zu werden, wie es Psalm 34,15 ausdrückt: Lass ab vom Bösen und tu Gutes; suche Frieden und jage ihm nach!

Es wurde versucht, zu klären, woher das Böse in der Welt kommt. Doch indem man die Theodizeefrage als Ausgangspunkt wählt, beansprucht man, das Problem des Bösen mittels einer religionsphilosophischen Debatte bewältigen zu können. Aber selbst wenn immer wieder über diese Frage theologisch nachgedacht und leidenschaftlich diskutiert wird, so muss sie doch letztendlich unbeantwortet bleiben. Wir erfahren und wissen lediglich, dass es böse Menschen und böse Taten in dieser Welt gibt, ja, dass das Böse selbst in uns vorhanden ist. Wie das Böse in die Welt kam, das können wir nicht abschließend klären. Und inwieweit Erklärungsversuche wie die eben unternommenen tragen, vor allem in der Konfirmandenarbeit, darüber lässt sich streiten. Trotzdem ist es gerade in der Konfirmandenzeit wichtig, das Böse zu thematisieren. Die Frage nach einem gerechten Gott angesichts des Leides in der Welt greift Raum bei Jugendlichen, Antworten werden verlangt. Statt in der Unbeantwortbarkeit der Theodizeefrage zu verharren (und zu zeigen, dass »die Kirche« scheinbar keine Antworten hat), sollten gemeinsam mit den jungen Menschen lebensbejahende Angebote herausgearbeitet werden, mit denen man dem Bösen begegnen kann. Das ist eine der ganz großen Herausforderungen unserer gemeindepädagogischen Praxis.

Matthias Röhm ist Studienleiter für Religiöse Bildung im Jugendalter/Konfirmandenarbeit im Amt für kirchliche Dienste in der Evangelischen Kirche Berlin-Brandenburgschlesische Oberlausitz, Berlin.

Literatur

Dahlfert, Ingolf (2008): Malum, Tübingen.

Grund, Alexandra (2012): »Wer steht mir bei wider die Übeltäter?«, Zur Bewältigung des Bösen in den Psalmen, in: Jahrbuch für Biblische Theologie (JBTh), hrsg. von Martin Ebner u. a., Band 26, Das Böse, Neukirchen-Vluyn, 55–84.

Jüngel, Eberhard (1998/2007): Art. Das Böse, in: Religion in Geschichte und Gegenwart, Band I, 4. Auflage, Tübingen, 1707 f.

Schmidt-Salomon, Michael (2012): Jenseits von Gut und Böse: Warum wir ohne Moral die besseren Menschen sind, München.

Bilder und Gleichnisse zum Leben und Sterben

Spurensuche im Klinikseelsorge-Alltag

Tabea Schwarzkopf

Zu dem Begriff »Reich Gottes« fallen mir Jesu Gleichnisse ein. Gleichnisse von Lebensfülle, vom Finden, vom Überrascht-Werden. Und Jesu Wort fällt mir ein: »Das Reich Gottes ist mitten unter euch« (Lk 17,21). So ist meine Vorstellung vom Reich Gottes zunächst auf unser Leben jetzt und hier bezogen. Dass es darüber hinaus eine Welt Gottes gibt, die ich erst erkennen werde, das hoffen zu können hilft mir.

Seit sechseinhalb Jahren arbeite ich in der Klinikseelsorge. Die Frage nach dem Reich Gottes in meiner Arbeit hat mich überrascht. Und dann hat sie mich begleitet und an Begegnungen in der Klinik erinnert, die für mich Reich-Gottes-Erfahrungen sind.

Meine Aufgabe ist es, Patienten zu besuchen und für sie als Seelsorgerin ansprechbar zu sein, zuzuhören. Ich gehe in die Zimmer, stelle mich den Menschen vor, und meistens kommen wir ins Gespräch. Viele Menschen sind überrascht, manche erschrecken und vermuten eine schlechte Nachricht als Grund meines Besuches. Die meisten Menschen freuen sich, besucht und wahrgenommen zu werden, Aufmerksamkeit zu bekommen. Ist das schon etwas vom Reich Gottes? Es gibt Tage, da scheinen mir die Gespräche belanglos, oder ich treffe mehrere Patienten nicht an, die ich besuchen wollte. Zeit vergeht, weil ich warten muss, bis die Visite vorbei ist. An manchen Tagen nehme ich nicht so viel wahr vom Reich Gottes. Es ist nicht verfügbar und es ist nicht gut planbar, das Reich Gottes. Es ereignet sich eher überraschend.

Heilsame Begegnung

Ein Patient bat über das Personal seiner Station um einen Besuch durch die Seelsorge. Als ich das Krankenzimmer betrat, ging er gleich mit mir aus dem Raum, denn da lagen noch zwei weitere Patienten. Er wollte mit mir allein und in Ruhe sprechen. Ich bot ihm an, in die Kapelle zu gehen, in der es eine ruhige Ecke zum Gespräch gibt. Aber so weit hätte er nicht laufen können, er war zu geschwächt. Darum nahmen wir einfach im Flur der Station Platz. Mein Gegenüber erzählte von seiner Krankheit und den damit verbundenen Sorgen und bat mich sehr bald, mit ihm gemeinsam zu beten. Ich fragte ihn, ob wir hier, mitten im Flur, beten wollten. Er bejahte und war sichtlich froh, dass sein Wunsch von mir ernst genommen wurde. So begannen wir, mit einfachen Worten vor Gott auszusprechen, was Sorge und Hoffnung dieses Mannes war. Um uns herum liefen Schwestern, kamen neue Patienten an, aber das spielte keine Rolle. Mitten im Trubel der Station war ein Raum, in dem wir mit Gott verbunden sein konnten, daran war kein Zweifel. Es kam mir ganz natürlich und selbstverständlich vor. Nach dem Gebet bedankte sich der Patient. Bald verabschiedeten wir uns, und ich ging weiter, berührt von diesem Moment, von dem Erleben einer großen Freiheit, hier und jetzt im Glauben zu leben und der Kraft des Gebetes zu trauen.

Ähnlich erging es mir, als ich eine Patientin besuchte, die ich schon durch frühere Aufent-

halte kannte. Im Zimmer lagen noch zwei andere Frauen, und anfangs schien das auch das Gespräch zu bremsen. Aber allmählich trat die Tatsache, dass wir nicht allein im Raum waren, in den Hintergrund, und die Patientin schüttete ihr Herz aus, sie weinte und erzählte, wie sehr die Trauer um ihren Mann und ihre Erkrankung sie belasteten. Mir schien es so, als seien wir allein im Raum, in dem all dies, was diese Frau beschäftigte, ausgesprochen werden konnte. Und obgleich so viel Traurigkeit da war, spürte ich auch, dass mein Gegenüber aufatmete, wie das Aussprechen es erleichterte. Ich erinnere mich nicht, viel gesagt zu haben zu dem, was ich hörte. Das Reich Gottes ereignet sich einfach so. Wir haben es nicht in der Hand. So, wie wir auch über den Geist Gottes nicht verfügen können, weil er weht, wo er will.

Verständnis finden – sich überraschen lassen – mit der Hoffnung in Kontakt kommen

Eine evangelische Frau, die auf der Palliativstation lag und die ich mehrfach besucht hatte, war gestorben. Es waren angenehme Begegnungen mit ihr gewesen, unaufgeregt. Sie hatte gewusst, dass sie sterben würde, war im Frieden gegangen. Nun waren zwei Besucher da: zwei Männer, die zusammenleben. Sie waren als Nachbarn mit der Verstorbenen gut befreundet gewesen. Jetzt saßen sie am Totenbett und nahmen Abschied. Sie erzählten von gemeinsamen Erlebnissen, von guten Gesprächen und tief empfundener Freundschaft. Dankbarkeit sprach aus ihren Erzählungen. Da die beiden Männer zur katholischen Kirche gehörten, schlugen sie vor, das Rosenkranzgebet zu beten. Ich kannte dies bisher nicht. Doch die beiden liebten es und so erklärten sie es mir und ich ließ mich darauf ein. Lange saßen wir da und ahnten etwas von dem Großen, das für uns bereitet ist. Von Gottes Liebe, die unsere Vorstellung übersteigt, Grenzen zwischen Menschen überwindet und Leben schafft selbst über die Grenze des Todes hinaus.

Solche Seelsorgebesuche sind nicht kräftezehrend, sie geben Kraft. Ich werde beschenkt in Momenten tiefer Begegnung. Ich werde beschenkt durch das Vertrauen, das Menschen mir entgegenbringen. Ich werde beschenkt, wenn ich erlebe, wie Menschen im Glauben Hoffnung und Freude finden. Trost finden Menschen im Verstandenwerden, in mitfühlender Begegnung. Das oft zitierte Wort von Martin Buber: »Alles wirkliche Leben ist Begegnung«,[1] drückt dies aus. Das Reich Gottes verstehe ich als wirkliches Leben, als Begegnung, die überrascht und beglückt.

Längst nicht alle Menschen, die dem Tod nahekommen, fragen nach dem Leben hinter der Schwelle des Todes. Mir scheint dies eher eine Frage zu sein, die Trauernde bewegt. Sterbende sind nach meiner Erfahrung eher mit den Themen ihres zu Ende gehenden Lebens beschäftigt. Doch manchmal klingt die Frage »Was kommt danach?« an und dann höre ich, dass Menschen hoffen, ihre Verwandten, den verstorbenen Ehemann oder die geliebten Eltern wieder zu treffen, ihnen wieder zu begegnen. Wenn ich in mich hineinhorche, so ist dies auch mein inneres Bild für das Leben jenseits des Sterbens. Und ich ahne, wir werden überaus überrascht werden. Auf dem Gesicht der Menschen, die diese Grenze gerade eben überschritten haben, spiegelt sich manchmal eine freudige und große Überraschung.

Überall, wo Menschen geholfen wird, wo Verzweifelten Aufmerksamkeit geschenkt wird, wo kranke Menschen liebevoll gepflegt werden, wo Not gelindert wird, wo Menschen neue Hoffnung schöpfen und nach einer langen Zeit des Rückzugs wieder beginnen, wirklich zu leben, da geschieht das, was durch Jesus in unserer Welt angestoßen wurde: Da blüht etwas auf von der Welt Gottes. Es geschieht an vielen Stellen, oft ungesehen und ohne die Aufmerksamkeit der Öffentlichkeit, aber hilfreich und heilsam für die, die solche Begegnung erleben. Auf diese Zeichen der Gottesnähe und der Hoffnung will ich achten und da auch meine Kraft hineinfließen lassen.

---

1 Martin Buber,
Das Dialogische Prinzip.
Ich und Du,
Heidelberg ⁵1984, 15.

Tabea Schwarzkopf, evangelische Pfarrerin, ist derzeit als Klinikseelsorgerin und Proseniorin im Kirchenkreis Erfurt tätig.

Ganz ANDERS könnte man leben!

Wie Visionen Realität werden

Christine Ursel

»Ein paar Spinner gibt es immer!« – so wird gerne geredet über Menschen, die ein anderes Modell als die Mehrheit leben wollen und dies auch konkret versuchen. Manch einer denkt lieber und theoretisiert und kreist dabei um sich selbst, ohne dass sich drumherum etwas verändert. Und viele bleiben lieber »bei ihren Leisten«, machen das, was zu tun ist, ohne darüber nachzudenken, ob es neben dem »Schuster-Modell« noch andere Möglichkeiten der Lebensgestaltung gibt. Es gibt Initiativen, die anders sind, die quer stehen und andere Wege gehen und damit frisch, unverbraucht und attraktiv sind, gerade für junge Menschen: »Perspektiven der Hoffnung« in scheinbar alternativlosen Zeiten.

»Ganz anders könnte man leben. Perspektiven der Hoffnung« war der Titel eines Buches von Ulrich Schaffer und Wilhard Becker 1984. Heute, gut 30 Jahre später, ist das Buch für 1 Cent im Internet-Antiquariat zu bekommen. Jede Generation und Kultur hat ihre eigenen Formen, dem so selbstverständlichen systemerhaltenden Gebaren der Etablierten eine systemverändernde Kraft entgegenzusetzen. »Ganz anders könnte man leben« – das Leben von Alternativen scheint Privileg und Aufgabe der Jugend zu sein. Wie schön, dass es heute in vielen Bereichen nicht mehr so starre Grenzen gibt. Dieser Anruf des Lebens an uns gilt ein Leben lang und birgt Ideen alternativer Lebensgestaltung.

Da gibt es interessante Einzelpersonen, die für sich Wesentliches erkannt haben und versuchen, dies möglichst konsequent umzusetzen. Sie wirken als aufrüttelnde und ermutigende Beispiele. Meist verbinden sich diese mit anderen Aktivisten und Schlüsselpersonen zu Netzwerken mit visionärer Ausprägung, die neue Aus- und Weitblicke bieten. Hier eine subjektive Auswahl von drei Initiativen:

1. Im Magazin »Mut zu Taten« 1/2015 von misereor (www.misereor.de) werden unter der Überschrift »**LIVING UTOPIA**« Pia Damm (21) und Tobi Rosswog (22) vorgestellt, deren Anliegen es ist, Vorhandenes besser zu nutzen. Die beiden leben seit eineinhalb Jahren komplett geldfrei. Da sie keiner Erwerbstätigkeit nachgehen müssen, haben sie Zeit, sich um das Gemeinwohl zu kümmern, womit sie zugleich einen gesellschaftlichen Wandel anregen wollen. Sie haben u. a. auch einen geldfreien Mitmachkongress »**utopival**« organisiert. 100 Menschen haben sich in 25 Workshops der Frage gestellt: »Wie stellst du dir eine zukunftsfähige Gesellschaft von morgen vor?« Die beiden wollen nicht nur Gesellschaftskritik üben, sondern durch ihre Art zu leben Alternativen aufzeigen, inspirieren und Mut machen, neue Wege zu gehen. Das Projekt- und Aktionsnetzwerk bietet vielfältige Aktivitäten an (www.livingutopia.org).

2. In einer ähnlichen Richtung ist die Initiative **IMPULS – Agentur für angewandte Utopien e. V.** (www.impuls.net) unterwegs: Von der Konsumkultur zur Kultur der Genügsamkeit, des Verbundenseins, des nachhaltigen Wirtschaftens, lebendiger Demokratie, globaler Gerechtigkeit – das ist das Anliegen dieser Initiative, die Systemwandel und Transformation befördern will. In Laboratorien werden Utopien erdacht, vorgestellt und im Gespräch abgewogen. Für den Austausch stehen drei Formate zur Verfügung. Neben Abend-Impulsen zur Frage »Wie werden wir zukunftsfähig?« gibt es den sogenannten »utopischen Samstag« und mehrtägige Utopienwerkstätten. IMPULS ist eine Plattform, die einlädt zur Beteiligung und zum Dialog.

3. *IDEEN³ // Räume für Entwicklung* wurde 2009 von jungen Menschen gegründet, um Ideen für eine lebenswerte Zukunft erlebbar zu machen und Räume zu schaffen, in denen Menschen sich selbst und anderen wirklich begegnen können. Ziel war von Beginn an, eine atmende Organisation zu werden, die auch nach innen Möglichkeiten zum Innehalten, Atmen und Sein bietet. Seit 2012 bietet IDEEN³ auch professionelle

Drei unterschiedliche Initiativen – was macht sie erfolgreich? Lässt sich von ihnen lernen, wie Visionen realistisch werden können?

➜ Sie haben alle als Ausgangspunkt eine **Sehnsucht**, die Idee von einem gelingenden Leben unter heutigen Bedingungen, das auch Ansprüchen nachfolgender Generationen gerecht werden will.

➜ In diesen Initiativen tun sich Menschen zusammen und bestärken sich gegenseitig. Sie bilden eine **Community of Practice**.

➜ Sie schauen auf **Möglichkeiten und Ressourcen**, nicht auf Hindernisse oder Schwierigkeiten. Sie richten ihre Aufmerksamkeit auf Menschen, Teams, Organisationen und entwickeln damit die Gesellschaft als Ganzes. Oder anders gesagt: Worauf ich schaue, das verstärke ich.

➜ Es kommt auf mich als Einzelne/als Einzelnen an. Mein Beitrag ist gefragt. Als Mitgestaltende sind alle **bedeutsam**. Das macht es reizvoll, sich zu engagieren.

➜ Bei all dem bieten diese Communitys **Zugehörigkeit** an und unterstützen den je eigenen Beitrag zur **Generativität**. Damit bedienen sie zwei wesentliche Bedürfnisse des Menschen.

➜ **Zukunfts-Gestaltungs-Ideen** sind die Samen, die in diesen Netzwerken auf fruchtbaren Boden fallen. Und diese sind **willkommen** und werden nicht als naiv belächelt oder als störend diffamiert und bagatellisiert.

➜ Es gibt **viele unterschiedliche Projekte**, die Mut machen. Ich muss mich nicht auf ewig binden oder handle mir gleich eine Abo-Verpflichtung ein. **Ich bestimme selbst**, wo, wann und wie stark ich mich beteilige.

➜ Die Bandbreite an Themen bietet große **Spielräume der Partizipation.**

➜ Trotz und vielleicht gerade wegen der großen und nicht unbedingt leichten Themen ist der **Spaß-Faktor** entscheidend: Es macht Lust, sich auf diese Art und Weise zusammen mit anderen einzusetzen, dass eigene Werte auch in Zukunftsprojekten wirksam werden. Und das ist infektiös: Es steckt andere an!

➜ Sie nutzen die Möglichkeiten des **Internets als Plattform** voll aus. Dadurch bieten sie **Verbundenheit** über örtliche und zeitliche Grenzen hinweg.

➜ Das **Engagement ist Lebenszeit** und Leben ist Zeit zum Engagement. Damit ist jeder einzelne Beitrag unendlich kostbar.

➜ Und es geht immer auch um **Lernprozesse**, die jeden Einzelnen betreffen, aber auch die Gruppe als Ganzes. Letztlich geht es um die Entwicklung einer **neuen Kultur** des Miteinander- und Voneinander-Lernens in Experimentierfeldern, wo ergebnisoffen und ohne Erfolgsdruck bzw. ohne den Fokus auf wirtschaftliche Verwertbarkeit etwas probiert werden kann. Und das hat Auswirkungen auf die Gesellschaft, wenn deutlich wird, dass es klappt mit dem »Ganz anders könnte man leben …«

Weitere interessante Stiftungen und Communitys:

Futurzwei – Stiftung Zukunftsfähigkeit
(www.futurzwei.org)

Sinn Stiftung – Potenziale entfalten
(www.sinn-stiftung.de)

April Stiftung – Erfolgsgeschichten und Berufsfindung
(www.aprilstiftung.de)

Leadershiphoch3: lab – festival – academy
(www.leadershiphoch3.de)

Lebensgemeinschaft Schloss Tempelhof
(www.schloss-tempelhof.de)

Dienstleistungen an, um Projekten, Organisationen und Unternehmen zu helfen, sich lebendig und kraftvoll zu entwickeln. Daraus sind drei Arten von Räumen mit insgesamt neun Angeboten entstanden.

IDEEN³ möchte auf unterschiedlichen Ebenen zeigen, dass Zukunft nicht einfach passiert, sondern lädt dazu ein, sie mitzugestalten. Es will soziale, kulturelle, ökologische und ökonomische Ideen für eine lebenswerte Zukunft entwickeln und regt dazu an, sie zu gemeinsamen Visionen zu verbinden. Ziel ist es, Menschen, Ideen und Initiativen zusammenzubringen, um deren Möglichkeiten im Sinne einer nachhaltige(re)n Entwicklung zu potenzieren. Deshalb werden Räume für Dialog, Gemeinschaft und die gemeinsame Entwicklung von Visionen und positiven Zukunftsbildern gestaltet.

Christine Ursel, Religionspädagogin und M.A. in Organisations- und Personalentwicklung, arbeitet als Fortbildungsreferentin im Diakonischen Werk Bayern – Diakonie.Kolleg. Bayern.

DER MESSIAS

oder **DAS GROSSE BLEIBT GROSS UND NICHT KLEIN**

Renate Wind

In dem urchristlichen Bekenntnis »Jesus ist der Messias« findet eine jahrhundertealte jüdische Hoffnung einen neuen Ausdruck und eine provozierende Konkretion. Es trennt die christliche Gemeinde von der jüdischen Glaubensgemeinschaft und verbindet sie zugleich untrennbar mit der Glaubensgeschichte Israels. Denn der Glaube an Jesus, den Messias, ist ohne die prophetischen Verheißungen des ersten Testaments nicht denkbar – sie werden im zweiten Testament fortgeschrieben und zugleich als »erfüllt« betrachtet.

Die zentralen messianischen Verheißungen des ersten Testaments weisen eine deutliche Tendenz von oben nach unten auf, die im Messiasbekenntnis des zweiten Testaments eine letzte Zuspitzung erfährt.

Ursprünglich ist »Messias«, d. h. »Gesalbter«, der Herrschertitel der Könige in Israel. David ist der »Gesalbte Jahwes«; er wird zum Prototyp des Königs »von Gottes Gnaden«. Zugleich wird in den Texten, die sich kritisch mit dem König und der Königsherrschaft in Israel auseinandersetzen, deutlich, dass auch die »Gesalbten Jahwes« nicht dem Recht Gottes dienen, sondern ihr eigenes Recht durchzusetzen trachten. Das von der prophetischen Opposition gegen die Willkürherrschaft kleiner und großer Potentaten eingeklagte Jahwerecht gerät zunehmend zum alternativen Gegenentwurf zum »real existierenden Israel« und zur visionären Utopie einer zukünftigen neuen Gesellschaft, in der Gerechtigkeit und Solidarität Grundlage für Frieden und soziale Eintracht werden, für den »Schalom« in der wiederhergestellten guten Ordnung Gottes. Die Erfahrung, dass weder Savid noch seine Nachfolger fähig noch willens waren, diese Ordnung herzustellen, führt zu der Hoffnung auf einen »neuen David«, der sich von dem »alten David« darin unterscheidet, dass er nicht seine eigene Macht durchsetzen, sondern das Recht Jahwes wiederherstellen wird:

«Siehe, es kommt die Zeit, spricht der Herr, dass ich das gnädige Wort erfüllen will, das ich zum Hause Israel und zum Haus Juda geredet habe. In jenen Tagen und zu jener Zeit will ich dem David einen rechten Spross aufgehen lassen. Der soll Recht und Gerechtigkeit schaffen im Lande. Zu derselben Zeit soll Juda geholfen werden und Jerusalem sicher wohnen, und man wird es nennen: Jahwe unsere Gerechtigkeit!« (Jer 33,14–16).

Die bekannteste Messiasverheißung findet sich im Buch des ersten Jesaja:

«Das Volk, das im Finstern wandelt, sieht ein großes Licht, und über denen, die wohnen im finsteren Land, scheint es hell. Du machst groß den Jubel und die Freude; man freut sich vor dir wie am Tag der Ernte. Denn das Joch, das auf ihm lastet ... zerbrichst du. Denn jeder Stiefel, der mit Gedröhn einhergeht, und der Mantel, der im Blut geschleift ist, wird verbrannt, wird ein Fraß des Feuers. Denn ein Kind ist uns geboren, ein Sohn ist uns gegeben, und die Herrschaft liegt auf seiner Schulter. Und er heißt Wunder-Rat, Kraft-Held, Ewig-Vater, →

»Er stürzt die Gewaltigen vom Thron und erhöht die Niedrigen!«

Friede-Fürst; auf dass seine Herrschaft groß werde und des Friedens kein Ende sei auf dem Thron Davids und in seinem Königreich, dass er es stärke und stütze durch Recht und Gerechtigkeit von nun an bis in Ewigkeit.« (Jes 9,1–6)

Mit der Hoffnung auf den Messias ist eine sehr reale Vorstellung von einer neuen Gesellschaft verbunden. Das messianische Reich, das der neue »Gesalbte Jahwes« errichten wird, ist die Aufrichtung der Gottesherrschaft, die Durchsetzung einer konkreten alternativen Rechts- und Sozialordnung in Israel. Zugleich gehen die prophetischen Visionen über die Grenzen Israels und auch über die Realitäten der ersten Schöpfung hinaus. Im utopischen Entwurf des ersten Jesaja kommt die neue Schöpfung, das wiederhergestellte Paradies, in den Blick.

»Der Messias wird mit Gerechtigkeit richten die Armen und rechtes Urteil sprechen den Elenden im Lande. Und er wird mit dem Stab seines Mundes die Gewalttätigen schlagen und mit dem Odem seiner Lippen die Gottlosen töten.

Gerechtigkeit wird der Gurt seiner Lenden sein und Treue der Gurt seiner Hüften.

Da werden die Wölfe bei den Lämmern wohnen und die Parder bei den Böcken lagern. Ein kleiner Knabe wird Kälber und junge Löwen und Mastvieh miteinander treiben. Kühe und Bären werden zusammen weiden, dass ihre Jungen beieinander liegen, und Löwen werden Stroh fressen wie die Rinder. Und ein Säugling wird spielen am Loch der Otter und ein entwöhntes Kind wird seine Hand strecken in die Höhle der Natter. Man wird nirgend Sünde tun noch freveln auf meinem heiligen Berg.« (Jes. 11,4–9)

In dieser utopischen Schilderung des messianischen Friedensreiches wird deutlich, dass »Schalom« mehr ist als die Abwesenheit von Krieg. Der umfassende Heilszustand, die neue Schöpfung, hebt die Entfremdung zwischen Gott, den Menschen und der Natur auf. Die Bedingungen dafür aber bleiben Recht und Gerechtigkeit, die Aufrichtung der Herrschaft Gottes, das Ende von Menschenmacht über Menschen.

Der Messias, der hier erträumt wird, praktiziert bereits ein Stück dieser Machtlosigkeit: seine einzigen Machtmittel sind das Wort und der Geist. Eine Gestalt kommt in den Blick, die Paulus später den »neuen Adam« nennen wird: der Mensch, der nicht »wie Gott« sein will, sondern Gott die Herrschaft

zurückgibt. Er wird der Beginn und der Garant der neuen Schöpfung.

Immer mehr verdichtet sich schließlich in den prophetischen Verheißungen die Überzeugung, dass der neue »Gesalbte Jahwes« eine andere Strategie verfolgen muss als die Könige auf dem »Thron Davids«. Unter Beibehaltung der Vorstellung vom »Sohn Davids« formuliert der Prophet Micha eine Variante, die die davidische Verheißung bewahrt, zugleich aber den Davidsthron in Jerusalem vernichtend kritisiert:

»Und du, Bethlehem Ephrata, die du klein bist unter den Städten Judas, aus dir soll mir kommen, der in Israel Herr sei. Sein Ursprung ist in der Vorzeit, in unvordenklichen Tagen. Darum gibt er sie preis bis zu der Zeit, da die Gebärende geboren hat und der Rest seiner Brüder zu den Kindern Israels heimkehrt. Und er wird auftreten und weiden in der Kraft Jahwes, seines Gottes. Und er wird der Friede sein.« (Mi 5,2–5)

Der Messias, den der Prophet Micha im Blick hat, bleibt »Sohn Davids« – aber des »Bethlehem-David«, nicht des »Jerusalem-David«. Denn auch Bethlehem ist »Davids Stadt«. Aus ihr kommt der Hirtenjunge David, der mit seiner Steinschleuder den eisenbewehrten Goliath besiegt. Die neue messianische Strategie ist die »David-gegen-Goliath-Strategie«, der Widerstand von unten, nicht die Durchsetzung von oben. Zugleich wird der messianische Herrscher nicht als der neue König Israels beschrieben, sondern als der »gute Hirte«, dessen gewaltlose Herrschaft der Beginn des Schalom für alle Welt sein wird.

Ein anderer prophetischer Text lässt den Messias zwar in Jerusalem erscheinen, setzt ihn aber in ähnlicher Weise von herkömmlicher Königsherrschaft ab:

»Du Tochter Zion, freue dich sehr, und du, Tochter Jerusalem, jauchze! Siehe, dein König kommt zu dir, ein Gerechter und ein Helfer, arm und reitet auf einem Esel, auf einem Füllen der Eselin. Er vernichtet die Rosse und Streitwagen in Jerusalem und ganz Israel, zerbrochen wird der Kriegsbogen. Frieden wird sein unter den Völkern, denn seine Herrschaft erstreckt sich über Länder und Meere, so weit die Erde reicht.« (Sach 9,9–10)

Es sind die vertrauten Bilder und Vorstellungen aus dem zweiten Testament, die in diesen prophetischen Texten auftauchen: das Kind aus Bethlehem, der gute Hirte, der Heiland der Welt, der gewaltlose Einzug in Jerusalem. Die christliche Kirche hat lange geglaubt, die Propheten Israels hätten Jesus als den Messias vorausgesehen und vorausgesagt. In Wirklichkeit war es umgekehrt. Die Jesusgemeinde, die das Leben und Wirken Jesu im Licht der heiligen Schrift – des ersten Testaments – zu deuten versuchte, fand die messianischen Vorstellungen der Propheten in ihm, seiner Botschaft, seiner Gestalt, seiner Strategie wieder. Mit den Bildern der prophetischen Texte statteten sie ihr Evangelium von Jesus, dem Messias, aus: Die Geburt wird nach Bethlehem verlegt, der Einzug in Jerusalem nach Anweisung des Sacharja inszeniert.

Doch sind das keine beschaulichen Bilderbögen, sondern Codes für eine herrschaftskritische politische Strategie. Sie geben der Erkenntnis und der Überzeugung Ausdruck, dass sich die Durchsetzung der messianischen Herrschaft und die Aufrichtung des Reiches Gottes nicht mit den alten Machtmitteln weltlicher Herrscher vollziehen kann. Zu deutlich ist in Erinnerung, dass diese Herrschaft tendenziell immer wieder in menschliche Willkür und politischen Machtmissbrauch umschlägt. Das urchristliche Bekenntnis zu Jesus, dem »Messias von unten«, gibt dieser Erkenntnis eine neue Dimensi-

on und eine neue Praxis. Die alternative messianische Strategie verabschiedet sich von dem Kampf um die Macht und von der Durchsetzung des Schalom mit den Mitteln politischer Herrschaft. Das ist auch der Grund, warum der Messias Jesus nicht so ungebrochen »Sohn Josefs« und damit »Sohn Davids« sein darf, sondern von der »Jungfrau« Maria geboren wird: weil es sich nicht um die Fortsetzung der messianischen Davidstradition von oben, sondern um den revolutionären Ansatz einer messianischen Strategie von unten handelt, die allein Gerechtigkeit und Frieden für alle Welt bringen kann. Diese Vision ist nicht eine Erfindung des zweiten Testaments; hier wird lediglich fortgeschrieben, was die prophetische Tradition des ersten Testaments vorgedacht hat.

Aber das Bekenntnis zu Jesus, dem Messias, bringt die Umkehrung von oben nach unten auf den Punkt. Der jungen Frau, die den Messias gebären soll, legt der Evangelist ein Lied zur Ehre Gottes in den Mund: »Er stürzt die Gewaltigen vom Thron und erhöht die Niedrigen!« (Lk 1,52).

Der Aufsatz wurde entnommen:
Marggraf, Eckhart/Röhm, Eberhard (Hrsg.): Oberstufe Religion: Die Bibel. Schülerheft. Stuttgart 2002. Wir danken dem Calwer-Verlag für die freundliche Abdruckgenehmigung.

ZURÜCKGEBLÄTTERT ZUM THEMA DIESES HEFTES

in: Die Christenlehre 28/1975, 361 f.

REICH GOTTES – ANSCHAUBAR

Dass in Jesus Christus die Herrschaft Gottes wirksam und anschaubar geworden ist und daß mit ihm das Reich Gottes schon unter uns ist, ... begründet die Feststellung, daß wir immer schon in der Herrschaftsgeschichte Gottes mit drinstecken und in ihr mitbewegt werden. Diese Herrschaftsgeschichte Gottes wird in alltäglichen Vorgängen erfahrbar. ... Die aufnehmende kirchliche Unterweisung will diesen Vorgang im Zusammenhang mit biblischen Texten einüben. Letztlich wird es dann um ein Gespräch über die 2. Bitte innerhalb einer konkreten Erfahrung gehen. ...

Die Herrschaftsgeschichte Gottes ist eine Geschichte wechselnder Bilder. ... Es muß geradezu eingeübt werden, aus verschiedenartigen Bildern die Sachaussage herauszufinden (z. B. apokalyptische Bilder von Dürer und Bosch, Schlaraffenland, Utopien). Exemplarisch für die biblischen Bilder stehen die Worte »Himmel« und »Hölle«. Die freie Phantasie der Kinder hängt sich gern an Bilder, die mit diesen Worten entstehen. ... Die Kinder sollen erfahren, dass die Gemeinschaft mit Gott froh macht und Gott sie für alle bringen wird.

Dieter Reiher

»Wenn Sie VISIONEN haben, gehen Sie zum Arzt!«

Visionen: motivierende Leitidee oder krankhafte Wahnvorstellung?

Michael Utsch

Visionen als zielgebende Idee sind handlungsleitend und können motivierende Kräfte freisetzen. Deshalb sollten intensive Tagträume oder phantasievolle Idealbilder nicht sofort einem nüchternen Alltagspragmatismus geopfert werden. Wie viele Menschen haben ihre Träume verwirklichen können! Wer von der kleinen Jüngerschar Jesu hätte sich träumen lassen, dass aus ihrer leidenschaftlichen Nachfolge eine Weltkirche erwachsen würde? Anderseits belegen viele abschreckende Beispiele, dass Visionen auch zu Zerrbildern entarten und zerstörerische und krankmachende Formen annehmen können. **Ab wann wird eine Vision aber zu einer Utopie, realitätsfernen Spinnerei oder gar wahnhaften Störung?** Hier helfen religionspsychologische Einsichten weiter.

Visionen sind weit verbreitet

In der Wissenschaft werden Eingebungen oder innere Stimmen als »außergewöhnliche Erfahrungen« bezeichnet. Aktuellen Befunden zufolge sind solche Erfahrungen weit verbreitet – drei Viertel einer großen Untersuchung in Deutschland haben schon mindestens eine außergewöhnliche, rational nicht erklärbare Erfahrung gemacht (Mayer 2015). Solche Erfahrungen sind deshalb eigentlich nicht als »außergewöhnlich«, sondern als normal zu betrachten. Dennoch irritieren sie, weil sie die alltägliche Wahrnehmung und Deutung des Alltags in Frage stellen.

In der Religionsgeschichte und Theologie werden mit einer Vision (lat. *visio*: Gesicht, Schau) eine spontane und bildhafte Augenblickserfahrung bezeichnet, von denen Menschen beeindruckt sind und ergriffen werden. Von solchen Erfahrungen berichten viele christliche Mystiker, besonders aus dem Mittelalter. Allerdings werden die visionären Erfahrungen der Gott-Mensch-Begegnung eher als zufällige Begleiterscheinungen betrachtet, die den Gläubigen auf seinem spirituellen Weg sogar hinderlich werden können. In der mystischen Theologie werden deshalb als Kategorien der Echtheit z. B. Demut, Dankbarkeit und die Bereitschaft zum Schweigen betont (Müller 2009).

Aus psychologischer Sicht findet die Vision meistens in einem veränderten Bewusstseinszustand statt. Die Forschung warnt davor, solche Zustände sofort als krankhaft einzustufen (Vaitl 2013). Wichtig ist vielmehr, inwieweit es gelingt, die Impulse einer solchen besonderen Erfahrung des Überschreitens (»Transzendenz«) in den Alltag zu integrieren. Es geht also darum, die außergewöhnliche Glaubenserfahrung in seine Lebensdeutung und Identitätsentwicklung aufzunehmen, sie mit diesen zu verschränken.

Sehr viel enger wird eine »Privatoffenbarung« in der römisch-katholischen Kirche gefasst, wo sie definiert ist ausschließlich als Offenbarung Christi, Mariens oder eines Engels an einen Menschen als Privatperson. Und die persönlich offenbarte Vision wird nur dann anerkannt, wenn sie nicht mit der Bibel, der kirchlichen Tradition und dem Lehramt der Kirche im Widerspruch steht. Es wird also keine Aussage darüber getroffen, ob die jeweilige Privatoffenbarung tatsächlich übernatürlichen Ursprungs ist, das bleibt vielmehr dem Glauben des Einzelnen überlassen.

Schon einer der wegweisenden Theologen des vergangenen Jahrhunderts, Karl Rahner, hat ausdrücklich das Zusammenwirken von einer geistlich-spirituellen und persönlich-spirituellen Perspektive eingefordert. Ob etwa die »mystische Erfahrung eine normale Entwicklungsfrage auf dem Weg zur christlichen Vollendung« sei, wollte Rahner (1989: 99) nicht generell beantworten: »Die Antwort hängt an der Psychologie: Inwiefern nämlich solche an sich natürlichen Versenkungsphänomene notwendig in einen personalen Reifungsprozess gehören.« Bemerkenswert ist, dass Rahner die Einbeziehung besonderer mystischer Erfahrungen – etwa einer Vision – in die alltägliche Glaubenserfahrung als eine psychologische Angelegenheit ansieht! Hier zeigt sich die besondere Herausforderung eines Zusammenwirkens theologischer und psychologischer Perspektiven, um den menschlichen Reifungsprozess bestmöglich zu unterstützen.

Visionen müssen also die Bewährungsprobe des Alltags bestehen, wenn sie nicht als ein Traumgespinst wie eine Seifenblase zerplatzen sollen. Gerade weil der Glaube anfällig und verführbar ist für Illusionen, Wunschvorstellungen und Wirklichkeitsflucht, dient eine psychologische Realitätsprüfung der »Erdung« spiritueller Höhenflüge. Visionen werden landläufig schnell mit einer Wahnvorstellung assoziiert. Dieser Zusammenhang trifft nicht zu, denn in der Psychiatrie liegen klare Unterscheidungsmerkmale zwischen Wahn und Glaube vor (Tab. 1).

Während religiöser Wahn Einzelne betrifft und zu Vereinsamung führt, ist der Glaube in einer Gemeinschaft verankert und stärkt das Zusammengehörigkeitsgefühl. Der Wahnkranke ist unbeirrbar, kann niemandem Vertrauen entgegenbringen, wird von seinen Eingebungen bedroht und weist häufig auch andere seelische Besonderheiten auf. Der oder die Gläubige kann Zweifel zulassen und in der Auseinandersetzung damit reifen. Vertrauen auf den unsichtbar gegenwärtigen Gott ist ein Alleinstellungsmerkmal, das auch der seelischen Gesundheit dient.

Wenn Sie Visionen haben: Überprüfen Sie, ob diese der Alltagsbewährung standhalten. Reden Sie mit Freunden darüber, holen Sie gegebenenfalls Rat ein. Visionen können durch treue kleine Schritte Wirklichkeit werden und die Welt verändern.

Dr. phil. Michael Utsch, Dipl.-Psychologe, ist wissenschaftlicher Referent der Evangelischen Zentralstelle für Weltanschauungsfragen in Berlin sowie Honorarprofessor für Religionspsychologie an der Evangelischen Hochschule »Tabor« in Marburg.

Literatur

Mayer, Gerhard u. a. (Hrsg.): An den Grenzen der Erkenntnis. Handbuch der wissenschaftlichen Anomalisitk, Stuttgart 2015.

Müller, Joachim (2009): Vision, in: Lexikon christlicher Kirchen und Sondergemeinschaften, Freiburg, 222–223.

Niemann, Ulrich/Wagner, Marion (2005): Visionen: Werk Gottes oder Produkt des Menschen? Regensburg.

Rahner, Karl (1989): Visionen und Prophezeiungen. Zur Mystik und Transzendenzerfahrung, Freiburg.

Utsch, Michael/Bonelli, Raphael/Pfeifer, Samuel (2014): Psychotherapie und Spiritualität, Berlin.

Vaitl, Dieter (2013): Außergewöhnliche Bewusstseinszustände, Stuttgart.

RELIGIÖSER WAHN	↔	RELIGIÖSER GLAUBE
Singularität	↔	Gruppenverankerung
Vereinsamung	↔	Gemeinschaft
Unkorrigierbarkeit	↔	Zulassen von Zweifel
Vertrauensverlust	↔	Vertrauen
oft bedrohlicher Inhalt	↔	oft transzendenter Inhalt
psychopathologisch auffällig	↔	psychopathologisch unauffällig

Tab. 1: Unterscheidungsmerkmale zwischen Wahn und Glaube (Utsch/Bonelli/Pfeifer 2014)

Pablo Picasso hat seine Erfahrungen mit Inspiration auf eine einfache Formel gebracht: **»Ich suche nicht – ich finde!«** Aber Vorsicht! Um etwas Neues zu finden oder um von etwas Neuem gefunden zu werden, muss man den Mut haben, über den Tellerrand zu blicken und sich auf fremdes Terrain vorzuwagen. Wer Neues will, muss neugierig sein und sich trauen, Perspektiven zu wechseln, wild herumzuspinnen und zu experimentieren. Das Neue trifft uns oft überraschend: im Museum, im Buchladen, in Gesprächen mit interessanten Menschen, beim Flanieren durch unseren Stadtteil, in Workshops, auf Pilgerwegen und im Gottesdienst. Die Nährstoffe des Neuen sind: Begeisterung, Resonanz, Herausforderung, Ermutigung, Unterstützung und Schutz.

Der Königsweg ist, den eigenen Herzenssachen nachzuspüren und seine Vorbilder in den Blick zu nehmen. Was liegt mir am Herzen? Warum habe ich mich für diesen Beruf, für dieses Arbeitsfeld entschieden? Was hat mich schon in meiner Ausbildungs- und Studienzeit interessiert? Was brauche ich? Was braucht meine Institution, meine Gemeinde? Gibt es da nicht vielleicht sogar ein »Frühbeet« mit reifen Ideen, die in das *Freiland* ausgepflanzt werden können?

WIE KOMMT DAS NEUE IN DIE WELT?

Nicht suchen, sondern finden!

Karin Nell

Mit einer guten Idee allein ist es noch nicht getan. Wie bringt man ein Projekt ins Laufen? Der Organisationsentwickler und Berater Otto C. Scharmer hat ein Konzept für Veränderungsprozesse in komplexen Systemen entwickelt. Seine »Theorie U« bietet einen wertvollen Leitfaden für die Umsetzung von Projektideen (Scharmer 2009).

Gemeinden müssen demnach zunächst einmal attraktive Angebote machen, damit sich Menschen mit ihrer persönlichen Motivation, ihrem Wollen, vertiefend auseinandersetzen können. Es gilt herauszufinden und zum Ausdruck zu bringen, was uns bewegt und was wir – allein oder mit anderen – bewegen wollen.

Wichtig ist, den hauptamtlichen und freiwilligen Kräften zunächst einmal die Möglichkeit zu bieten, aus ihrem Alltagstrott auszusteigen. Das gelingt vor allem, wenn man an inspirierenden Orten arbeitet, gemeinsam wandert, in Ruhe und genussvoll miteinander speist.

Man kann Veränderungsprozesse für Gemeinden nicht nur in Gemeinderäumen, sondern auch in Museen, in Ateliers und in der freien Natur anstoßen und umsetzen. Exkursionen zu attraktiven Modellstandorten sind guter Dünger für neue Vorhaben. Welche Erfahrungen werden an anderen Orten gemacht? Bei wem kann man sich von Begeisterung anstecken lassen?

Menschen, die etwas bewegen wollen, sollten nicht sofort aktiv werden. Otto Scharmer rät zum Innehalten und zur Vertiefung, bevor man mit der Umsetzung von Projekten beginnt. Einen Ort der Ruhe und Kontemplation bietet nicht nur die eigene Kirche! Es ist unerlässlich im Vorfeld – in Ruhe! – herauszufinden, welche Möglichkeiten sich mit dem Neuen auftun. Was kommt auf die Gemeinschaft, was kommt auf den Einzelnen zu?

In der Umsetzungsphase rät Scharmer zu Behutsamkeit. »Starte ein kleines Modellprojekt und gewinne erste Erfahrungen mit dem Neuen.« Das heißt: »Fang klein an! Überfordere dich nicht. Probiere aus, stell fest, wie sich

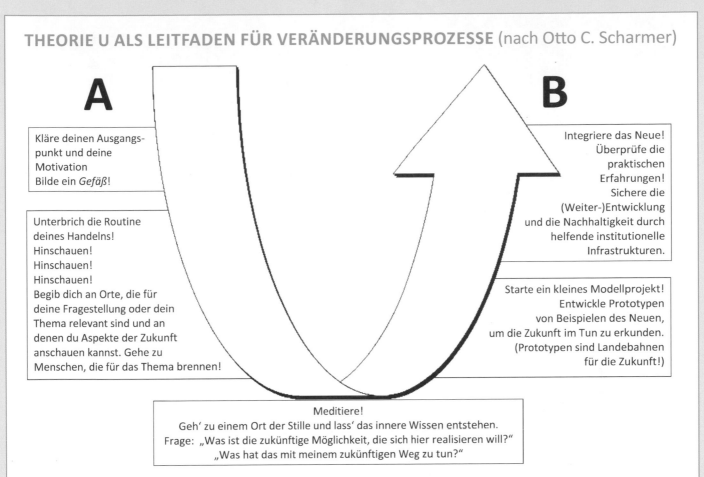

THEORIE U ALS LEITFADEN FÜR VERÄNDERUNGSPROZESSE (nach Otto C. Scharmer)

A

Kläre deinen Ausgangs-
punkt und deine
Motivation
Bilde ein *Gefäß*!

Unterbrich die Routine
deines Handelns!
Hinschauen!
Hinschauen!
Hinschauen!
Begib dich an Orte, die für
deine Fragestellung oder dein
Thema relevant sind und an
denen du Aspekte der Zukunft
anschauen kannst. Gehe zu
Menschen, die für das Thema brennen!

B

Integriere das Neue!
Überprüfe die
praktischen
Erfahrungen!
Sichere die
(Weiter-)Entwicklung
und die Nachhaltigkeit durch
helfende institutionelle
Infrastrukturen.

Starte ein kleines Modellprojekt!
Entwickle Prototypen
von Beispielen des Neuen,
um die Zukunft im Tun zu erkunden.
(Prototypen sind Landebahnen
für die Zukunft!)

Meditiere!
Geh' zu einem Ort der Stille und lass' das innere Wissen entstehen.
Frage: „Was ist die zukünftige Möglichkeit, die sich hier realisieren will?"
„Was hat das mit meinem zukünftigen Weg zu tun?"

Bei der oben aufgeführten Darstellung handelt es sich um eine grobe Skizze. Eine ausführliche Beschreibung der Theorie U mit dem Titel „Führung vor der leeren Leinwand. Presencing als soziale Technik" von Otto C. Scharmer und Katrin Käufer findet man im Internet. Der Artikel wurde in der Fachzeitschrift OrganisationsEntwicklung Nr.2/2008 veröffentlicht.

das Neue anfühlt. Was geht, was geht nicht?«

Erst wenn konkrete Erfahrungen mit den »Prototypen« gemacht wurden, kann an die Sicherung der Nachhaltigkeit gedacht werden. Wie kommt das Neue an? Wo kann es andocken? Gibt es interessierte Kooperations- und Netzwerkpartner? Muss man neue Strukturen schaffen? An wen können Erfahrungen weitergegeben werden?

In unterschiedlichen Feldern der sozialen Arbeit, der Kulturarbeit und der Bildungsarbeit bestätigt sich Scharmers Beobachtung: Mini-Projekte sind »Landebahnen für die Zukunft«. Sie lassen Ideen deutlich werden, zeigen (Weiter-)Entwicklungsmöglichkeiten auf, bieten Andockmöglichkeiten und laden zum Modelltransfer ein. Als Beispiel soll die Herzenssprechstunde angeführt werden. Es handelt sich hierbei ursprünglich um ein kleines Kultur(!)-Programm für einsame alte Menschen, das von Freiwilligen aus dem Programm »Erfahrungswissen für Initiativen (EFI)« in Düsseldorf entwickelt wurde. Das

besondere Kulturprogramm am Mittwochnachmittag im Wartezimmer – mit freundlicher »Überweisung« vom Hausarzt – machte sehr bald von sich reden (Brinkschulte/Friedeler 2014). Inzwischen wird die Herzenssprechstunde auch in der Museumsarbeit, in der klassischen Seniorenarbeit und in der Personalführung eingesetzt; sie ist über das Programm WohnQuartier4 zum festen Bestandteil der innovativen Quartiersarbeit (»Was liegt uns in unserer Nachbarschaft und in unserer Gemeinde am Herzen?«) geworden. Das Konzept wird über Multiplikatorenprogramme bundesweit weitergegeben.

Literatur

Brinkschulte, Ursula/Friedeler, Günter (2014): Kulturprogramm Herzenssprechstunde, in: Knopp, Reinhold/Nell Karin (Hrsg.): Keywork4. Ein Konzept zur Förderung von Partizipation und Selbstorganisation in der Kultur-, Sozial- und Bildungsarbeit. Bielefeld 2014, 253–261.

Knopp, Reinhold/Nell Karin (Hrsg.): Keywork 4. Ein Konzept zur Förderung von Partizipation und Selbstorganisation in der Kultur-, Sozial- und Bildungsarbeit. Bielefeld 2014.

Scharmer, C. Otto (2009): Theorie U – Von der Zukunft her führen. Heidelberg.

Karin Nell, Diplom-Pädagogin, ist am Evangelischen Zentrum für Quartiersentwicklung im Evangelischen Erwachsenenbildungswerk Nordrhein in Düsseldorf zuständig für Konzeptentwicklung, Innovative Freiwilligenarbeit, Wohnschule und Keywork.

Jahresinhaltsverzeichnis
68. Jahrgang 2015

PRAXIS GEMEINDEPÄDAGOGIK

ZEITSCHRIFT FÜR EVANGELISCHE BILDUNGSARBEIT

GEMEINDEPÄDAGOGISCHES FORUM

AUTOREN

Die Zeitschrift »Praxis Gemeindepädagogik« (PGP) erscheint in der Evangelische Verlagsanstalt Leipzig.
© EVANGELISCHE VERLAGSANSTALT GMBH: Blumenstraße 76, 04155 Leipzig; www.eva–leipzig.de
Aboservice und Vertrieb: Christine Herrmann, Telefon 0341/7114122, E-Mail <herrmann@eva–leipzig.de>

DIE REDE VOM REICH GOTTES IN BIBEL UND THEOLOGIE

Lars Charbonnier

»Kirchenasyl war für mich ein Vorgeschmack auf das Reich Gottes«, so resümiert die Friedberger Pfarrerin Susanne Domnick ihre Erfahrungen mit einem Fall von Kirchenasyl in ihrer Gemeinde. Diese Erfahrung von abgewendetem Leid, menschlicher Nähe über Sprachen und Kulturen hinweg, von Gerechtigkeit in einer ungerechten Welt, steht für sie heute als passender Vergleich zu den Bildern und Erfahrungen der Bibel, wie sie weiter erzählt: »Wir erwarten die neue Stadt; wir erwarten den Tisch, an den wir eingeladen sind von Norden und Süden, von Osten und Westen«, und Gott wird allen ein »fettes Mahl richten«.

Dieses aktuelle Beispiel zeigt: Die Rede vom Reich Gottes ist auch heute anregend und anschlussfähig, viele finden eigene Bilder und Vergleiche, eigene »Gleichnisse«, um zu veranschaulichen, was sie damit meinen. Oft verbinden sich konkrete Erfahrungen des eigenen Lebens damit, manchmal auch Visionen einer neuen, besseren Welt – beides geht mit viel Sehnsucht einher. Das Wort »Vorgeschmack« verrät viel über den Charakter dieser Erfahrungen und Sehnsüchte: Es gibt diese Erfahrungen schon, und doch verweisen sie auf etwas, das noch wird. Diese Struktur eines eschatologischen Ausblicks, der aber schon die Gegenwart beeinflusst, ist ein zentrales Charakteristikum der biblischen und theologischen Rede vom Reich Gottes. Diesen Spuren, insbesondere den gleichnishaften Bildern der Verkündigung Jesu, wird in diesem Beitrag kursorisch nachgegangen.

Das Reich oder die Herrschaft Gottes als zentrale Inhalte der Gleichnisreden Jesu

Zentraler Inhalt der Gleichnisse Jesu ist die Rede von der Herrschaft oder dem Reich Gottes. Der aus der alttestamentlichen und jüdischen Tradition übernommene Ausdruck der »basileia tou theou« bzw. der »basileia ton ouranon«, der Königsherrschaft/des Reiches Gottes bzw. der Himmel, der sich vor allem in den Psalmen und in den Heilsankündigungen der Propheten findet (etwa bei Dan 7 oder Jes 24; 31 u.ö.) und cum grano salis der Vorstellung

folgt, dass JWHW seinen jenseitigen Herrschaftsbereich auch auf die gesamte Erde ausdehnt, bezeichnet im Neuen Testament in großer inhaltlicher Kontinuität einen räumlich zu denkenden Machtbereich wie den prozesshaften Vollzug seiner Wirklichkeitswerdung. Während im Alten Testament die Erfüllung dieser Verheißung und ihr Zusammenhang mit dem Erscheinen des Messias aber nicht eindeutig geklärt sind, ändert sich dies mit dem Wirken Jesu. Der Begriff des Gottesreiches findet sich in nahezu allen neutestamentlichen Schichten, der Häufigkeit nach aber begegnet er vor allem in den synoptischen Evangelien: Er stellt »das zentrale Thema der Predigt des irdischen Jesu« (Lindemann 1986: 200) dar.

Der Begriff »basileia tour theou« markiert auch im Neuen Testament ein eschatologisches Geschehen, mit dem die endzeitliche Herrschaft Gottes bzw. auch Christi umschrieben wird. Diskutiert wird die Frage, inwieweit damit eine rein in der Zukunft liegende, also futurische oder auch bereits eine gegenwärtig relevante, also präsentische Eschatologie gemeint ist. Für beide Möglichkeiten finden sich in den Jesus zugeschriebenen Reden Belege, die vom Kommen des Reiches sprechen – man denke vor allem an die Bitte im Vaterunser – oder eben davon, dass es bereits angebrochen ist. Im Zuge der Entwicklungen insbesondere in der gegenwärtigen Gleichnisauslegung, die stärker die Rezeption berücksichtigt und mehr nach dem erinnerten als nach dem historischen Jesus fragt, wird eine Auflösung dieser Spannung – die dann zumeist mit einer Zuschreibung des einen Pols zum historischen Jesus und des anderen zu den Evangelisten – vermieden und ihre produktive Ambivalenz ernst genommen. Die authentischen Gleichnisse Jesu werden heute durchweg als »metaphorische Rede über die Gottesherrschaft« angesehen:

»Die Gleichnisform dient dabei nicht der bildlichen Einkleidung auch in ›eigentlicher Rede‹ aussagbarer Sachverhalte; sie macht vielmehr deutlich, daß die von Jesus angesagte Gestalt der Gottesherrschaft anders als in metaphorischer Rede offenbar gar nicht zur Sprache gebracht werden kann.« (Lindemann 1986: 200)

➜

In den meisten der Gleichnisse Jesu wird diese Gottesherrschaft als noch ausstehende betrachtet und stellt »im Blick auf den Hörer [...] [einen] Vorgriff auf das Ende der Zeit [dar]. Sie vollziehen gleichsam schon jetzt am Hörer, was Gott im Eschaton tun wird« (Weder 1978: 282). Diese erzählte Zukunft der Gleichnisse wird im Modus ihres Erzählens allerdings auch schon zur Gegenwart für ihre Hörer: »das zur Sprache Kommen der Basileia [ist] ein ausgezeichneter Modus ihres Kommens« (Jüngel 1962: 139). Diese enge Verbindung von Gegenwart und Zukunft findet sich exemplarisch in der Parabel vom Sauerteig (Lk 13,20 f.; Mt 13,33) charakterisiert: Die Gottesherrschaft ist gegenwärtig verborgen, die künftige Herrlichkeit dieser wird aber vollkommen sein. Die Gewissheit dieses Kommens steht außer Frage und ist bereits jetzt durch die Worte selbst wirklich und wirksam für die gegenwärtigen Hörer.

Eine andere spannende Frage ist die nach der Bedeutung der ethischen Mahnungen Jesu für das Gottesreich: Beziehen sich diese auf die Zeit bis zum Anbruch dessen (»Interimsethik«) oder sind sie Teil der Realisierung im bereits angebrochenen Reich Gottes? Auf alle Fälle setzt »die hereinbrechende Gottesherrschaft neue und endgültige Maßstäbe für das Handeln des Menschen« (Lindemann 1986: 206).

Himmelreich-Gleichnisse im Matthäus-Evangelium

Die größte Verbreitung mit zehn Perikopen haben die Gleichnisse von der Herrschaft im Matthäus-Evangelium. Das Matthäus-Evangelium ist auch insofern besonders, weil Matthäus den Begriff der »basileia tour theou« zumeist durch den Begriff der »basileia ton ouranon«, dem Reich der Himmel ersetzt. Er wird der Verkündigung von Johannes dem Täufer (3,2), Jesus (4,17) ebenso wie den Jüngern (10,7) zugeschrieben und fasst auch das Wirken Jesu mit der Verkündigung des »Evangeliums von der Herrschaft« zusammen (4,23–25). Vermutlich pointiert er damit für die hellenistische Welt den kosmisch-universalen Anspruch dieser noch ausstehenden Gottesherrschaft, denn in den Stellen des präsentischen Verständnisses (v.a. 12,28; 21,43) benutzt er den Begriff »basileia tour theou«.

Der hermeneutische Schlüssel für das matthäische Verständnis des Reiches der Himmel ist die Aussage in 5,20: Nur wer die »bessere Gerechtigkeit« erfüllt, erhält Zugang zum Reich der Himmel. Hier wird deutlich, dass Mt die Rede von der Herrschaft Gottes stärker als die anderen Evangelisten mit dem Gerichtsgedanken verknüpft.

Die Bedeutung der Gleichnisrede für die Gegenwart der Hörer wird im Sondergut des Mt-Evangeliums besonders herausgestellt: Die drei Parabeln in Mt 13,44–50 berichten von der Begegnung mit der in Jesus bereits gegenwärtigen Gottesherrschaft. Die Erzählungen vom Schatzfinder, Perlenkaufmann und Fischer fungieren als Zuspruch einer Wirklichkeit, die diejenigen, die mit ihr konfrontiert werden, unmittelbar und ohne weitere Entscheidungsmöglichkeit in diese hineinzieht – wo Jesus wirkt, da ist das Reich Gottes (vgl. auch Mt 11,12 par.).

Die Bedeutung der Person Jesu und die präsentische Eschatologie in der theologischen Rezeption

Weil die Gleichnisse im Zentrum der Verkündigung Jesu stehen und mit ihnen nicht nur der Anspruch verbunden ist, über bestimmte Gottesvorstellungen zu informieren, sondern Gottes Wirklichkeit autoritativ zu verkündigen, sind sie von der Person Jesu nicht zu trennen. So wird die präsentische Eschatologie mit dem Kommen Jesu selbst begründet. Er kann nicht nur als Lehrer für die Herrschaft Gottes betrachtet werden, sondern wird in seinem Wirken selbst zum Gleichnis für diese, was sich vor allem in den Wunderhandlungen und insbesondere in den Exorzismen zeigt (vgl. Mt 12,28). Jesu Verkündigung vom Kommen der Herrschaft Gottes meint somit »Gott selbst im Modus seiner eschatologischen Anwesenheit in der Welt« (Lindemann 1986: 206). Damit wird das Gottesreich zu einem Erfahrungsgeschehen. Die Gleichnisse eröffnen in ihrer Ansage der Gottesherrschaft eine neue Wirklichkeitsstruktur und zugleich eine neue Lebenseinstellung. Sie sind so Ausdruck der Befreiungstätigkeit Jesu, die sich in der bedingungslosen Anerkennung des Menschen und der damit verbundenen Zusage als handlungsfähiges Subjekt ausdrückt. Deshalb gilt auch dogmatisch die Rede vom Reich Gottes als ein zentrales Element christlichen Glaubens, »weil sie im Anschluß an die Verkündigung Jesu das Ziel des Handelns Gottes in Beziehung zu seiner Schöpfung in den Blick faßt« (Schwöbel 2004: 214).

Entwicklungen in der Kirchen- und Theologiegeschichte

Die Rede vom Gottesreich hat sich im Frühchristentum als Symbol der Hoffnung auf eine eschatologische Wirklichkeit herausgebildet, die von der gegenwärtigen irdischen Realität fundamental unterschieden ist. Die Grundspannung von gegenwärtiger und zukünftiger Erfüllung durchzieht diese Diskurse, wie bereits angedeutet, bis heute.

Wie wurde im Verlauf der Jahrhunderte über das Reich Gottes nachgedacht und wie wurde vor allem das Verhältnis von Kirche zum Reich Gottes gesehen? Denn es gibt kaum einen bekannteren Satz zum Reich Gottes als »Jesus erzählte vom Reich Gottes, und es kam die Kirche.«

Vor allem durch Augustinus wurde der Gedanke der Kirche als Vorgriff auf das Reich Gottes geprägt, die nach seiner Vorstellung eschatologisch zu einer Einheit werden würden. Auch Luther greift den Gedanken der präsentischen Eschatologie auf und versteht die Rede vom Reich Gottes als »Gottes gegenwärtiges Herrschen gerade am Ort der entschiedensten Gegenwehr, im Geist und Herz der Menschen« (Mau 1986: 222). Besondere Aufmerksamkeit erhielt die Rede vom Reich Gottes im Pietismus und dann in der Aufklärung, wo sie mit einem Zustand ethisch-vernünftiger Vollkommenheit des Menschen verbunden wurde, zu dem hin die Menschen bereits auf dem Weg sind. Den Höhepunkt erreichte dieser Reichsgedanke im deutschen Idealismus, für den das Gottesreich den Zielpunkt der Weltgeschichte darstellte. Allerdings fanden auch andere, von einer weltlichen äußeren Verwirklichung absehende Begründungen der Rede vom Reich Gottes statt. Schleiermacher beispielsweise beschrieb das Königtum Christi als rein geistige Herrschaft im menschlichen Gottesbewusstsein.

Auch für die Rede vom Reich Gottes führten die Erfahrungen des 20. Jahrhunderts zu gewaltigen Transformationen und zu Ansprüchen insbesondere an die Hermeneutik dieser Rede angesichts der menschlichen Existenz. Karl Barth hat bekanntlich das Gottsein Gottes zum Ausgangspunkt seiner Theologie gemacht und darin gegen eine ethische Vereinnahmung die analogielose und nur für den Glaubenden erkennbare Herrschaft Gottes zum Ausdruck gebracht. Er betont im Rahmen seiner Versöhnungslehre, dass die Herrschaft Gottes den Grund dafür bildet, dass der Mensch schon jetzt im Reich Gottes leben kann: »Der neue Mensch ist schon da. Er ist keine Idee, kein Ideal, kein Zukunftstraum, keine erst gedachte, erst erwartete Wirklichkeit des neuen Menschen« (Barth 1950: 8).

Ein weiterer, die Aussagen über die Herrschaft Gottes stringent als Glaubensaussagen verstehender Neuansatz in der Interpretation wurde schließlich von Gerhard Ebeling vorgelegt. Er begriff die Herrschaft Gottes als jene Weise der Liebe Gottes, die sich als ein »ins Leben rufendes und Leben erhaltendes Sein« zur Geltung bringt. In der zweiten Hälfte des 20. Jahrhunderts wurde die Kontroverse um die Rede vom Reich Gottes häufig durch Entwürfe konsequenterer theologischer Eschatologie

verdrängt, am bekanntesten sicher die Theologie der Hoffnung von Jürgen Moltmann.

Die Verhältnisbestimmung von dem unverfügbaren und zugleich soteriologisch bereits jetzt geltenden Reich Gottes und dem ethischen Handeln der Menschen ist also auch im Durchgang durch die Positionen nicht eineindeutig geklärt. Deutlich ist, dass eine direkte Identifizierung historisch bedingter Gestaltungsvorschläge und Zukunftsvisionen mit dem Reich Gottes abzulehnen ist und somit die Rede vom Reich Gottes vor allem eine Korrektivfunktion für alle diese Wünsche und Vorstellungen darstellt – auch in der Kirche selbst. Sie führt aber zugleich in die hoffnungsvolle Gewissheit ein, dass die Zukunft der Welt die Zukunft Gottes ist. Die Aufgabe der Vermittler der christlichen Religion ist es deshalb, deutlich zu machen, dass ihr Hoffnungsbegriff nicht ein Aufschieben meint, sondern gerade eine Gewissheit für die Gegenwart beinhaltet, die zum verantwortlichen Handeln in der Gegenwart führt – gerade auch in der Kirche. So, wie es die Pfarrerin aus Friedberg für sich erkannt hat, und wie es jede und jeder für sich in eigene Bilder und Worte fassen und durch eigenes Handeln erfahrbar machen kann.

Dr. Lars Charbonnier ist Dozent an der Führungsakademie für Kirche und Diakonie, Pfarrer in Berlin und Mitglied der Redaktion der PGP.

Literatur

Barth, Karl (1950): Die Wirklichkeit des neuen Menschen, Theologische Studien 27, Zürich 1950.

Jüngel, Eberhard (1962): Paulus und Jesus. Eine Untersuchung zur Präzisierung der Frage nach dem Ursprung der Christologie. Tübingen ⁶1986.

Lindemann, Andreas (1986): Art. Herrschaft Gottes/Reich Gottes IV. Neues Testament und spätantikes Judentum, TRE XV, Berlin/New York, 196–218.

Mau, Rudolf (1986): Art. Herrschaft Gottes/Reich Gottes V. Alte Kirche bis Reformationszeit, TRE XV, Berlin/New York, 218-224.

Moltmann, Jürgen (1964): Theologie der Hoffnung. Untersuchung zur Begründung und zu den Konsequenzen einer christlichen Eschatologie, München 1964.

Müller, Peter/Büttner, Gerhard et al. (Hrsg.): Die Gleichnisse Jesu. Ein Studien- und Arbeitsbuch für den Unterricht, Stuttgart ²2008.

Schwöbel, Christoph (2004): Art. Reich Gottes IV. Theologiegeschichtlich und dogmatisch, in RGG4, Bd. 7, Tübingen, 209–215.

Weder, Hans (31984): Die Gleichnisse Jesu als Metaphern. Traditions- und redaktionsgeschichtliche Analysen und Interpretationen, Göttingen (Erstausgabe 1978).

Zimmermann, Ruben (Hrsg.): Hermeneutik der Gleichnisse Jesu (WuNT 231), Tübingen 2008.

Zimmermann, Ruben (Hrsg.): Kompendium der Gleichnisse Jesu, Gütersloh 2007.

Selbsttransformation der Wirtschaft

Eine gerechtere Ökonomie muss auch aus dieser selbst heraus entstehen

Stefan Jung und André Armbruster

Der französische Moralphilosoph und Atheist André Comte-Sponville fragte vor ein paar Jahren, ob der Kapitalismus moralisch sein könne. Er kommt zu dem Ergebnis, dass die Wirtschaft dafür nicht zuständig sei und dass die normativen Fundamente unserer Wirtschaft ganz woanders, nämlich auf den Ebenen der Politik, des Rechts, der Moral, der Ethik oder gar der Religion auszuhandeln wären. Und in der Tat: Alle großen Religionen fragen seit jeher, wie eine angemessene Art zu wirtschaften in Übereinstimmung mit Gottes gerechter Welt gedacht werden kann. Jesus spitzt dies zu, indem er fragt: »Gott oder Mammon?« Er deutet damit an, dass eine Wirtschaft, die zum Selbstzweck wird und selbstreferenziell ausschließlich ihren eigenen Fortbestand oder gar ihre Expansion zu sichern bestrebt ist, längst ihren dienenden Charakter eingebüßt hat.

Folgerichtig fordert Comte-Sponville deshalb die Begrenzung der Wirtschaft durch die Politik, eine Begrenzung der Politik durch Moral sowie eine Begrenzung der Moral durch die Ethik. Mit anderen Worten: Weil die Wirtschaft per se unmoralisch ist, braucht sie eine Begrenzung von außen, damit es gerecht zugeht. Genauso argumentiert die Ordnungsethik: Lasst uns die Spielregeln verabreden,

auf deren Grundlage die Spielerinnen und Spieler dann ihr Spiel der Wirtschaft spielen. Aber garantiert das bereits eine gerechte Wirtschaft? Und: Wer genau ist in einer globalisierten Welt die regelgebende Instanz?

In einer Weltgesellschaft ohne Weltregierung kann eine gerechtere Ökonomie nur aus dieser selbst heraus entstehen, so die These dieses Textes. Natürlich spielen politische, rechtliche und normative Ordnungen dabei in nationaler oder regionaler Hinsicht nach wie vor eine herausragende Rolle. Dennoch sollte man von den Spielregeln allein nicht erwarten, dass sie zu einer gerechten Wirtschaft führen, solange deren Nichtbeachtung nicht zu einer Kostenbelastung bei den Regelbrechern führt. Kurzum: Die Wirtschaft agiert in einem »eigenen Code« – eben nicht moralisch (Luhmann 1994). Vielmehr basiert sie auf Zahlungen und Nichtzahlungen (von Konsumenten, Unternehmen, Regierungen, Kirchen usw.). Wirtschaft sind wir alle, und zwar immer dann, wenn wir Zahlungsentscheidungen treffen (oder sie durch Konsumverzicht zurückhalten) und dadurch das Spiel der Wirtschaft täglich reproduzieren.

Kann ich einen Bio-Apfel kaufen, wenn ich vielleicht gar nicht weiß, wie die Erntehelfer bezahlt werden? Was ist mit nachhaltig produzierten Rosen, die tagtäglich aus Tansania eingeflogen werden?

Fragt man deshalb danach, wie man gerecht und ethisch wirtschaften kann, ist die häufigste Antwort, dass nur die Menschen ihren Konsum ändern müssten – ein individualethischer Ansatz: Würden alle ausschließlich biologische, nachhaltige und allen sozialen Standards entsprechende Produkte kaufen, würden wir in einer besseren, weil gerechteren Welt leben. Gerechtigkeit wird damit lediglich zu einer Frage, welche Waren man in den Einkaufswagen legt. Aber warum leben wir noch immer in einer Welt, in der es Ungerechtigkeit und Umweltzerstörung gibt?

ETHISCHE HANDLUNGEN UND DER MORALISCHE UMBAU DER WIRTSCHAFT

Warum kaufen die Menschen nicht »das Richtige«? Man könnte natürlich sagen (und neoklassische Ökonomen sagen dies auch noch), dass die meisten Menschen lediglich ihren eigenen Nutzen maximieren wollen und sich nicht um die sozialen und ökologischen Belange ihres Konsums scheren, jedenfalls wenn dieser Konsum seinen Preis zeitigt. Aber diese Antwort wäre sicher zu kurz gegriffen. Denn ethisch korrekter Konsum ist zumindest aus zwei Gründen prinzipiell schwierig: Einerseits ist nicht klar, was eigentlich ethisch korrekter Konsum genau ist. Ist es ein Gebot der Nächstenliebe, durch die Finanzkrise notleidenden spanischen Bauern zu helfen und gezielt spanische Tomaten zu kaufen? Oder sollte man im Sinne einer Bewahrung der göttlichen Schöpfung nur regionale Produkte kaufen, um die ökologischen Folgen des Transports zu minimieren? Ethik gibt keine klaren Handlungsanweisungen vor, die ohne viel Nachdenken zu befolgen wären – auch Ethik ist ambivalent und widersprüchlich.

Andererseits kann ein Appell zum ethischen Konsum den Einzelnen leicht überfordern, da oftmals nicht klar ist, wie die Produktionsbedingungen und die Handelswege aussehen (Jähnichen 2015: 392). Kann ich einen Bio-Apfel kaufen, wenn ich vielleicht gar nicht weiß, wie die Erntehelfer bezahlt werden? Was ist mit nachhaltig produzierten Rosen, die tagtäglich aus Tansania eingeflogen werden? Man kann nicht über alle Produktalternativen, die zur Wahl stehen, ausreichend Informationen einholen, um auf dieser Grundlage individuelle Konsumentscheidungen zu treffen. Denn Transparenz ist oftmals nicht Teil der Informationspolitik der Unternehmen. Die Wirtschaftstheorie spricht von asymmetrischer In-

formation, die die Transaktionskosten einer Kaufentscheidung in die Höhe treibt. Mit anderen Worten: Wer ethisch konsumieren will, der hat hohe Informations- und Suchkosten, die den Konsum zusätzlich verteuern. Biosiegel und andere Label sollen diese Kosten zwar senken, damit die Verbraucher wissen, wann es sich um ein ethisch einwandfreies Produkt handelt und wann nicht. Mittlerweile durchschaut aber kaum noch ein Konsument diese Label-Vielfalt – einige fordern gar ein »Metasiegel«.

Desillusioniert von den ordnungs- und individualethischen Handlungsoptionen argumentieren viele nun unternehmensethisch: Warum ändert man dann nicht die Unternehmen oder die Wirtschaft insgesamt? Es wäre naheliegend, wenn schon nicht die Konsumentinnen und Konsumenten eine gerechtere Welt schaffen können, die Wirtschaft als Ganzes in den Blick zu nehmen und sozialethische sowie nachhaltige Bedingungen zur Geschäftsgrundlage zu machen. Man müsste nur die Wirtschaft umbauen, was auch verschiedentlich gefordert wird – man denke an die Postwachstumsdebatte.

Die Schwierigkeit liegt in einer Simplifizierung von dem, was Wirtschaft eigentlich ist. Die Vorstellung, man könne die Wirtschaft oder ihre Handlungssubjekte gewissermaßen von außen im Sinne einer gerechteren Welt steuern, ist nicht angemessen. Unternehmen und die Wirtschaft insgesamt können nur noch global gedacht werden. Sie verfahren nach eigenen Logiken, die man nicht leicht vorhersagen kann und die sich je nach Lage ändern (Luhmann 1994). Das hat zur Folge, dass es nicht die eine Stellschraube gibt, an der zu drehen wäre, um gerecht zu wirtschaften (z. B. Gesetze und Ordnungen). Auch ein Wirtschaftssystem, das ohne Wachstum auskommen soll, wäre nicht automatisch gerecht.

Der Kybernetiker Heinz von Foerster (2006) prägte den Begriff der »nicht-trivialen Maschine«. Im Gegensatz zu einer einfachen »trivialen Maschine«, die nach dem Ursache-Wirkung-Schema funktioniert, handelt es sich bei der Wirtschaft um ein komplexes Gebilde, bei dem Wirkungen zugleich Ursachen und Ursachen zugleich Wirkungen sind, in dem undurchsichtige Rückkopplungen zu Effekten führen, die nicht intendiert waren und die aufgrund enormer zeitlicher Verzögerungen nicht kausal zugerechnet werden können. Zugleich gilt: Die Wirtschaft (jedenfalls in einer freien über Märkte organisierten Weltgesellschaft) ist ein lernendes System. Sie kann sich anpassen. Die Wirtschaft ist daher komplex. →

»Komplex ist eine Situation dann,« sagt der Münchner Soziologe Armin Nassehi, »wenn sie mehrere andere Zustände annehmen kann, das heißt, wenn es zwischen einem Ereignis A und einem Ereignis B keine notwendige oder eindeutige Beziehung geben muss« (Nassehi 2015: 111). Für einen Umbau der Wirtschaft hin zu mehr Gerechtigkeit bedeutet dies, dass man nicht ohne Weiteres sagen kann, wie dieser Umbau aussehen muss. Man weiß nicht, welche Folgen bestimmte Eingriffe in die Wirtschaft haben, da die Komplexität und die Reaktivität der Wirtschaft in Echtzeit eine Prognose über alle Maßen schwierig machen.

Allerdings hat die Komplexität der Wirtschaft noch eine weitere Folge: Wenn es sich um eine nicht-triviale Maschine handelt, dann kann auch nicht a priori bestimmt werden, was passiert, wenn alle Menschen ihr Konsumverhalten nach ethischen und sozialökologischen Kriterien ausrichten. Das Eigenleben der Wirtschaft und der Unternehmen garantiert nicht ein globales ethisches Wirtschaften, wenn alle Konsumentinnen und Konsumenten dies tun. Die Wirtschaft ist durch ihre Komplexität nicht reduzierbar auf die Entscheidungen der einzelnen Menschen (Jung/Armbruster in press) – zumal die Ambivalenz und Widersprüchlichkeit des Ethischen sowie die Intransparenz weiterhin gelten. Wer so tut, als wäre es einfacher, der gelangt zu normativistischen Fehlschlüssen (eine gerechte Welt ist möglich, wenn sich alle daran halten) oder zu totalitären Umerziehungsprogrammen (wenn wir die Menschen nur ändern, dann ändert sich auch die Welt).

VOM ANALOGEN ZUM DIGITALEN DENKEN

Wir plädieren hier keineswegs dafür, sich nun einem Fatalismus hinzugeben und die vermeintliche Unabänderbarkeit der Wirtschaft unwidersprochen in Kauf zu nehmen. Zielführender wäre es, mit einem angemessenen (komplexitätstauglicheren) Verständnis auf die Gesellschaft, ihr Wirtschaftssystem und ihre Unternehmen zu schauen, um normativistische Fehlschlüsse zu vermeiden. Man muss der Komplexität Rechnung tragen. Dazu wäre eine Umstellung von einem analogen zu einem digitalen Denken notwendig (Nassehi 2015: 168–178). Analoges Denken rechnet mit direkten Kausalitäten, wo immer B als Reaktion auf A folgt, und mit Eins-zu-eins-Übertragungen von Ursache und Wirkung. Also mit trivia-len Maschinen. Digitales Denken hingegen geht von der Komplexität und der Verarbeitung von Eingaben in Echtzeit aus. Es ist insofern nicht mit eindeutigen Kausalketten zu rechnen, sondern mit Überraschungen und Unterbrechungen, die von der Eigendynamik der Systeme verursacht werden. Digital zu denken heißt dann, einzuplanen, dass Systeme nach eigener Logik agieren, dass Input in die Systeme übersetzt wird, so dass das Ergebnis nicht bereits zu Beginn feststeht. Interventionen sind ohne Frage möglich, aber es gibt nicht eine Lösung für alle Probleme, erst recht nicht für alle Systeme. Digital zu denken heißt dann auch, mit Pluralität umzugehen und fallspezifisch zu intervenieren, dabei aber Übersetzungen und Rückkopplungen zu beachten.

SELBSTTRANSFORMATION DER WIRTSCHAFT

Mit diesem digital denkenden Ansatz kann man nun angemessener fragen, wie nachhaltiges und ethisches Wirtschaften möglich wird. Rechnet man mit nicht-trivialen Maschinen, die nach eigenen, unvorhersehbaren Mustern operieren, muss man die Fragerichtung umkehren: Es geht dann nicht mehr darum, wie man von außen die Wirtschaft verändern könnte. Nimmt man die Eigenlogik ernst, geht es um die Selbsttransformation der Wirtschaft (Jung 2012) – also die Veränderung der Wirtschaft aus sich selbst heraus hin zu mehr Nachhaltigkeit! Im Fokus stehen damit die Bedingungen der internen Verarbeitung. Interventionen in die Wirtschaft müssen den eigenen Verarbeitungen durch die Wirtschaft Rechnung tragen.

Ein tragfähiges Beispiel für eine solche »Selbsttransformation« bietet der Emissionshandel: Hier wird das prinzipiell kostenlose »öffentliche Gut« der sauberen Luft mit einem Preis belegt und dadurch für den Verbrauch begrenzt. Wer die Luft verschmutzt, muss dafür bezahlen – Kosten werden damit beim Verursacher internalisiert und müssen dort bezahlt werden, wo sie anfallen. Sicherlich gibt es ethische Einwände gegen eine solche Ökonomisierung der Umwelt (z. B. dass die Umwelt dadurch zum handelbaren Objekt gemacht wird). Dass die Wirtschaft durch den Emissionshandel jedoch »in ihrem eigenen Code« erstmalig zu kalkulieren lernt, dass unsere Erde nicht unendlich ist, ist ein vielversprechender Ansatz zur Vermeidung von Übernutzung von Ressourcen.

> *Unterstützen mehr Menschen Unternehmen, die sozial und ethisch verantwortungsbewusst agieren, hat dies Signalwirkung. Und auch wenn mehr und mehr Menschen ihren Konsum an nachhaltigen und ethischen Standards ausrichten, hat dies durchaus einen Effekt auf die Wirtschaft, denn die Nachfrage schafft ein entsprechendes Angebot.*

Unmittelbar hat dies Folgen für die Rolle der Politik, wie sie André Comte-Sponville noch vorschwebte: Ein »Durchregieren« der Politik in die Wirtschaft ist damit nicht gegeben, auch der Politik sind Grenzen gesetzt. Wenn sie sich jedoch als Moderatorin verstünde, unterstützt die Politik andere gesellschaftliche Akteure dabei, »die Bedingungen, unter denen sie agieren, gemeinsam zu vereinbaren [...], die Folgen der eigenen Handlungen sichtbar zu machen und die Selbststeuerungsmöglichkeiten« der Akteure zu erhöhen (Jung 2012: 14–15). Gefragt wäre Kooperationsfähigkeit bei Anerkennung der jeweiligen Differenzen und Eigenlogiken (Moral vs. Wirtschaft, Wirtschaft vs. Politik, Zivilgesellschaft vs. Wirtschaft usw.). Dies führt zu einer paradoxen Folge: Politik muss mit Unvorhersehbarkeit und unerwarteten Reaktionen in Echtzeit rechnen und diese gleichzeitig anerkennen, um fruchtbare Dialoge führen zu können. Damit erfordert ein nachhaltiges und ethisches Wirtschaften auch ein Umdenken in der Politik.

Stehen Unternehmen dadurch in der Kritik, dass sie sich dominant an einer Renditemaximierung und am Homo oeconomicus orientieren, so führt die Berücksichtigung von sozialethischen und ökologischen Anforderungen zu einer Steigerung der Komplexität in Organisationen, wenn dies in den Entscheidungen der Unternehmen eine Rolle spielen soll. Hier sieht man die Selbststeuerung der Wirtschaft bereits besonders gut, indem Unternehmen selbst Corporate Social Responsibility oder Corporate Sustainability zur Grundlage ihrer ökonomischen Entscheidungen machen (Jung 2012: 17). Mehr Unternehmen, die sich diese Verantwortung auferlegen, tun dies, weil sie ihre eigenen Kooperationschancen dadurch verbessern und ihre Marktposition stärken.

Auch wenn wir zu Beginn unserer Argumentation den Umbau der Wirtschaft allein durch die Kaufentscheidungen der Akteure kritisch gesehen haben, bedeutet das nicht, dass es ohne sie gehe. Unterstützen mehr Menschen Unternehmen, die sozial und ethisch verantwortungsbewusst agieren, hat dies Signalwirkung. Und auch wenn mehr und mehr Menschen ihren Konsum an nachhaltigen und ethischen Standards ausrichten, hat dies durchaus einen Effekt auf die Wirtschaft, denn die Nachfrage schafft ein entsprechendes Angebot.

Die Wirtschaft, zu deren Reproduktion wir alle durch unsere täglichen Zahlungs- und Nichtzah-

lungsentscheidungen beitragen, ist ausgesprochen responsiv, wenn sie sich auf Neuerungen einstellen muss. Bei aller (angebrachten) Wirtschaftskritik darf man optimistisch hinsichtlich ihrer Fähigkeit zur Selbsterneuerung sein. Gerade in Krisenzeiten sind die Wirtschaftsakteure (Gesetzgeber auf Ordnungsebene, die Unternehmen, aber auch die Konsumentinnen und Konsumenten) am ehesten bereit, Neuerungen in Sachen ökologischer und sozialer Nachhaltigkeit auf den Weg zu bringen. Ein individueller Beitrag könnte zudem sein, dass die biblische Tradition zur Frage der Ökonomie neu befragen: Denn die hebräische Bibel liefert mit der Erzählung vom Manna in der Wüste (Exodus 16) eine der Leitgeschichten, die auch heute noch in der Lage wäre, die Wirtschaft zu irritieren. »Sammelt, so viel ihr braucht« (V. 16) und es wird für alle ausreichen.

Literatur

Jähnichen, Traugott (2015): Wirtschaftsethik, in: Huber, Wolfgang/Mereis, Torsten/Reuter, Hans-Richard (Hrsg.): Handbuch der Evangelischen Ethik, München, 331–400.

Jung, Stefan (2012): Nachhaltige Wirtschaft und gesellschaftliche Transformation. In: Jung, Stefan/Katzenmayer, Thomas (Hrsg.): Nachhaltig wirtschaften. Wirtschaftsethische Reflexionen, Göttingen, 9–21.

Jung, Stefan/Armbruster, André (im Druck): Blind Spots in Ethical Leadership. What Christian leadership concepts could learn from modern organization theory, in: Kessler, Volker (Hrsg.): Christian Perspectives on Leadership and Social Ethics (CPLSE).

Luhmann, Niklas (1994): Die Wirtschaft der Gesellschaft. Frankfurt am Main.

Nassehi, Armin (2015): Die letzte Stunde der Wahrheit. Warum rechts und links keine Alternativen mehr sind und Gesellschaft ganz anders beschrieben werden muss. Hamburg.

Prof. Dr. rer. pol. Stefan Jung, Professor für Sozial- und Diakoniemanagement an der CVJM-Hochschule in Kassel und Leiter des »Evangelische Bank Instituts für Ethisches Management«.

André Armbruster, M. A. ist wissenschaftlicher Mitarbeiter am »Evangelische Bank Institut für Ethisches Management« der CVJM-Hochschule.

»Wer ist mein Nächster?«, so lautet die Frage eines Schriftgelehrten an Jesus in dem Gespräch, das dem Gleichnis vom Barmherzigen Samariter in Lukas 10 vorausgeht.

Die Antwort sagt es klar: Wer mein Nächster ist, darüber entscheidet nicht die Herkunft oder die Religion, nicht die Kultur oder die geografische Nachbarschaft. So wie das Reich Gottes unsere weltlichen Ordnungen in ihre Schranken verweist, so gilt sie auch über alle Grenzen hinweg. Dieser »entgrenzten Liebe« entsprechend kann nun gehandelt werden.

Das Reich Gottes ordnet die Welt radikal neu, und unsere Nächsten können überall sein. Die Nächstenliebe, die allen Menschen gilt, braucht dabei eine Perspektive – und so finden wir zurück zum Reich Gottes. Die Nächsten zu lieben, ihnen Gutes zu tun, diese Vision ist dann sowohl für das Schon-Jetzt als auch für das Noch-Nicht gültig. Denn die tätige Liebe ist bereits der Verweis auf die wahre Zukunft des Menschen, die Zukunft in Gottes Reich.

Die Liebe bekommt also eine Idee und damit einen Gehalt. Ausgerüstet mit dieser Vision ist sie mehr als Kompensation und Wiedergutmachung. In der Praxis muss sich diese Liebe durch den Glauben an das Reich Gottes in die konkrete Not der Nächsten hineinarbeiten (vgl. Jürgen Moltmann: Diakonie im Horizont des Reiches Gottes).

Da kann man doch nicht nichts machen!

Was hat die Arbeit von »Brot für die Welt« mit dem Reich Gottes zu tun?

Veronika Ullmann

Brot für die Welt ist weltweite Diakonie

Brot für die Welt versteht die globale Arbeit als diakonisches Handeln an den fernen Nächsten, als ökumenische Diakonie. Auch hier zeigt sich: Die Arbeit ist ganz klar ein sehr bodenständiges Tun am Hier und Jetzt, zugleich aber Teil einer großen Vision, die längst noch nicht vollendet ist.

Ein »Grundwert« der Arbeit ist die Liebe, aus der heraus Gott sich in seiner Schöpfung und in seinem Sohn allen Menschen zu gewandt hat. Die Bibel bezeugt durchgängig, dass Gottes Liebe sich in der Hinwendung zu den Schwächsten, den Leidtragenden und Unterdrückten dieser Erde äußert und Gott für diese Menschen besonders eintritt. In Erinnerung daran sind wir zu Solidarität mit den Armen und Schwachen aufgefordert. Darüber hinaus soll auch genau hingeschaut werden auf die Strukturen, die Leid verursachen.

Eines der klassischen Brot-für-die-Welt-Mottos, »Den Armen Gerechtigkeit«, ist aus dem Wort von der »Option Gottes für die Armen« inspiriert. Den Benachteiligten Recht zu schaffen, ihre beschnittenen Rechte und abgewiesenen Interessen wiederherzustellen, das wird zur Aufgabe. Helmut Gollwitzer hat es zugespitzt formuliert: »Das Evangelium weist mich an, die Gesellschaft von ihrem untersten Ort her, von daher, wo die Benachteiligten aller Art stehen, zu sehen und deshalb zu verändern.«

Kleinen Schritte werden zu großen Taten,
werden zu Spuren
des Reiches Gottes in unserer Welt.

Das Brot teilen

Menschen darin zu unterstützen, ihr Leben aus eigener Kraft besser zu machen – darum geht es in den meisten der rund 1000 Projekte weltweit. Damit Menschen diese eigene Kraft aber zu ihrem Wohl ganz entfalten können, bedarf es des Eingreifens und des kontinuierlichen Arbeitens an einer Veränderung. Darum werden einheimische Organisationen als Partner ausgewählt, die die Strukturen eines Landes oder einer Region am besten kennen. Die Arbeit dieser Organisationen wird dann – mit sorgfältiger Begleitung und Beobachtung – gefördert. Es geht in vielen Projekten also gar nicht vordergründig um materielle Hilfe, sondern viel mehr um strukturelle Hilfe, um Aufklärung über die eigenen Rechte, um Hilfe beim Durchsetzen und Durchhalten, geduldige Begleitung auch bei Schwierigkeiten und ums Mutmachen.

Und was sind die Motive derer, die über diesen »verlängerten Arm« ihren fernen Nächsten auf einem anderen Kontinent zur Seite stehen? Der Name *Brot für die Welt* sagt da schon fast alles. »Die Christen können nicht das Brot am Tisch des Herrn teilen, ohne auch das tägliche Brot zu teilen« (Für eine Zukunft in Solidarität und Gerechtigkeit. Gemeinsames Wort von EKD und Deutscher Bischofskonferenz, 1997). Teilen – das ist eines der Hauptmotive – und Brot – das ist viel mehr als das Nahrungsmittel. Dass wir in einem der reichsten Länder der Erde leben, ist unbestritten – auch und gerade, wenn wir häufig den Blick nach draußen in die Weite verlieren. Daher ist es wichtig, dass nicht nur durch Geld in einer Spende oder Kollekte geholfen werden kann, sondern auch und vor allem durch die Gabe von Zeit, Aufmerksamkeit, Engagement und Bewusstsein und nicht zuletzt durch Gebet und Verkündigung.

Was hat die Kollekte für *Brot für die Welt* mit dem Reich Gottes zu tun?

Bei *Brot für die Welt* beschäftige ich mich ständig mit dem »Darüber-Hinaus« unserer täglichen Arbeit. In der Öffentlichkeitsarbeit informieren wir, setzen wir in Kenntnis, werben wir und geben wir Rechenschaft über unser Tun. An meinem Schreibtisch fasse ich all das zusammen und frage mich: Was erwarten Menschen in einer Kirchengemeinde, wenn Sie zu einem Gottesdienst, beispielsweise am 1. Advent, die neue Aktion von *Brot für die Welt* eröffnen? Was in ihrem Glauben wird ihnen dann

Foto: Christof Krackhardt

wichtig, so dass sie ihre Aufmerksamkeit, ihre Ideen, ihr Gebet und ihren Gesang und schließlich auch ihre Kollekte dafür geben, dass die Kleinbauernfamilien einer bestimmten indischen Provinz mit einer Saatgutbank unterstützt werden? Und was kann ich tun, damit die Menschen im Heiligabend-Gottesdienst, die eigentlich nur der Oma zuliebe mit zur Kirche gegangen sind und nun von der Pfarrerin auf der Kanzel oder vom Gemeinde-Ältesten am Pult hören, dass die Kollekte für *Brot für die Welt* gesammelt würde, aktiv werden? Was außer einem schlechten Gewissen oder dem Gefühl: »Ich muss doch zu Weihnachten mal etwas Gutes tun!«, kann ihre Aufmerksamkeit hervorlocken? Es ist wichtig, mitzuteilen, was mit ihrem Geld, das sie im Kasten oder Beutel lassen, passiert.

Meine gesammelten Ideen betreffen die Kirchengemeinden mit ihren vielen Ehren- und Hauptamtlichen. Ich möchte die Gemeinden dazu ermuntern, sich die Arbeit von *Brot für die Welt* zu eigen zu machen. Und dabei geht es genau um die Frage, warum die Kollekte, die ich gebe, mitarbeitet an dem Schon-Jetzt des Reiches Gottes. Und natürlich nicht nur die Kollekte! Aber die Kollekte ist sozusagen die »niedrigste Schwelle«, über die Menschen gehen, wenn sie in der Kirchenbank ihrem Portemonnaie Geld entnehmen.

Wie kann man den Zusammenhang zwischen Kollekte-Geben und dem abstrakten Thema Gottesreich unkompliziert erklären? ➜

44

Foto: Christof Krackhardt

Große Visionen im Kleinen beginnen

Meine Erfahrung ist, dass wir der großen Worte ein wenig müde geworden sind. Bei einer Kollektenankündigung kann ich es niemandem zumuten, global-gesellschaftliche Zusammenhänge in der Tiefe erklärt zu bekommen. Aber wir wollen dagegenhalten, wenn der Satz fällt: »Gegen das Elend der Welt … da kann man ja doch nichts machen …«

Aber da kann man doch nicht nichts machen. Brot für die Welt steht dafür, dass wir immer einen Weg finden, doch etwas zu machen. Im Kleinen zu beginnen, nicht nachzulassen, beharrlich zu sein. Dieser »kleine Weg« ist besonders wichtig, um an dem großen Weg nicht irre zu werden, nicht am Großen und Ganzen zu scheitern – wo es doch um »die ganze Welt« geht.

In Bangladesch werden Mangrovenwälder angepflanzt, um die Folgen des Klimawandels abzumildern. Mädchen aus armen Familien in Kamerun machen eine Schneiderlehre, damit sie eine andere Perspektive haben, als die, mit 15 Jahren Ehefrau und Mutter zu werden. Ehemalige Kindersoldaten lernen im Kongo den Beruf eines Gitarrenbauers. Damit sie sich nicht auf der Straße herumtreiben müssen, werden in Kirgisistan die Kinder von Basarhändlerfamilien nachmittags, während ihre Eltern arbeiten, betreut. Familien aus Dörfern in Ruanda, auf Kuba und den Philippinen lernen, ihre Ernährung mit selbst angebautem Obst und Gemüse zu verändern, damit sich ihre Gesundheit und die ihrer Kinder verbessert. Diese kleinen Schritte helfen, die Hoffnung nicht aufzugeben. Und um zum Schluss doch größere Worte zu machen: Diese kleinen Schritte werden zu großen Taten, werden zu Spuren des Reiches Gottes in unserer Welt. Sie verkünden, dass es Hoffnung gibt, dass wir es anders sehen und anders machen können, wenn wir es wollen. Dass wir von hier aus die kleinen Schritte überall auf der Welt unterstützen können ist ein Privileg und eine Möglichkeit, die wir dankbar annehmen.

*Veronika Ullmann
ist Theologische
Redakteurin bei
»Brot für die Welt« –
Evangelischer
Entwicklungsdienst.*

HEUTE FÜR DEN FRIEDEN LEBEN, WEIL ES EIN MORGEN GIBT

Die christliche Friedensethik zwischen Paradies, Reich Gottes und politischer Wirklichkeit

Eva Hadem

»Friede sei mit dir« und »Der Herr segne dich (…) und schenke dir Frieden.« Der Wunsch nach Frieden markiert die dichtesten Momente des christlichen Gottesdienstes. In Friedensgruß und Segen kommen wir einander und kommt uns Gott in besonderer Weise nah. Mit dem Frieden als Heilsgabe Gottes landen wir also mitten im Herzstück des christlichen Lebens. Und so schließt die Friedensdenkschrift der EKD eindeutig: »Frieden zu bezeugen und für Versöhnung auch dort zu arbeiten, wo Misstrauen, Gewalt und Unterdrückung herrschen, gehört unabdingbar zu den Aufgaben der Christen. Die Kirche Jesu Christi ist dazu berufen« (Denkschrift 2007, 197).

FRIEDEN – VOM PARADIES ZUM REICH GOTTES

Das hebräische Wort *Schalom* prägt das christliche Verständnis von Frieden. *Schalom* ist dabei weniger als Gegenbegriff zu »Krieg« zu verstehen, sondern meint einen eigenständigen, umfassenden Zustand des Vollkommen- und Ganzseins, der alle Bereiche des Lebens einschließt. Vom ersten Schöpfungsbericht her lässt sich *Schalom* als »lebensermöglichende Geordnetheit« übersetzen: Der gute Gott ordnet die gute Schöpfung aus dem Tohuwabohu.

Damit trägt das Konzept von *Schalom* im Alten Testament, in der Hebräischen Bibel, ontologische Züge: Nur wenn »Frieden« herrscht, ist die Welt im eigentlichen Sinne Welt. »… Nur weil die Welt (als Schöpfung) auf diese ihre Eigentlichkeit hin strukturiert ist, haben menschliche Bemühungen um ›Frieden‹ Sinn und Aussicht auf Erfolg« (Schmid 1983: 605).

Biblisch-theologisch strebt alles Leben – mag die Welt, seitdem die Menschen Gut und Böse unterscheiden können, auch noch so sehr in Unfrieden leben – auf das Reich Gottes zu, auf das verheißene Friedensreich am Ende der Zeit: Der Messias als Friedensfürst wird (wieder-)kommen (Jes 11; Sach 9,9 ff.), alle Menschen werden zum Hause des Herrn laufen, Krieg wird nicht mehr gelernt (Mi 4,1–5), Gott wird mitten unter den Menschen wohnen und Leid, Geschrei und Schmerz sind endlich vergangen (Offb 21,1 ff.).

Einfach gesagt: Weil wir von Gottes Frieden herkommen und auf sein Friedensreich zugehen, können wir als Friedensstiftende (Mt 5,9) in dieser friedlosen Welt unser Möglichstes tun, ohne dass wir dabei den endzeitlichen Frieden erwirken könnten. Wir können das, weil Gott in Christus Frieden stiftet (Eph 2,14) – mitten unter den Menschen in dieser Welt.

→

UM DEN WEG ZUM FRIEDEN RINGEN

Um den Weg zu mehr Frieden wird dabei in der christlichen Friedensethik gerungen. Seit der Konstantinischen Wende, seit die Kirche als Staatskirche auch politische Verantwortung übernahm, spielt die Frage nach der Beteiligung an Krieg und Landesverteidigung eine Rolle, stehen die Kirchen vor der Frage: Wie verhalten sich Christinnen und Christen zu Wehrdienst und militärischer Gewalt? Die Lehre vom »gerechten Krieg« galt dabei über Jahrhunderte als der theologisch begründete Königsweg. Mit der Denkschrift »Aus gerechtem Frieden leben – für gerechten Frieden sorgen« (2007) hat sich die EKD von diesem Leitbild verabschiedet und spricht nun vom *Leitbild des »gerechten Friedens«* (Denkschrift 2007: 102). Konsequent verzichtet die Denkschrift auf die Rede und Begründung von Krieg überhaupt. Die Verfasserinnen und Verfasser sind sich aber bewusst, dass es Situationen gibt, in denen ein bewaffnetes Eingreifen als letztes Mittel nötig ist, im Sinne von »rechtserhaltender Gewalt«, um zum Beispiel einen Genozid zu verhindern.

Dem eigenen Friedensanspruch mit der vorrangigen Option für gewaltfreies Handeln folgend wird die Anwendung sogenannter rechtserhaltender Gewalt in ein friedenspolitisches Gesamtkonzept eingebunden:

»Die bisher gesammelten Erfahrungen ebenso wie die dargelegten friedens- und rechtsethischen Grundsätze sprechen dafür, externes bewaffnetes Eingreifen als *äußerstes Mittel* nicht vollständig auszuschließen, die militärische Komponente jedoch strikt auf die Funktion der zeitlich limitierten Sicherung der äußeren Rahmenbedingungen für einen eigenständigen politischen Friedensprozess vor Ort zu begrenzen. Militärische Maßnahmen müssen Bestandteil einer kohärenten Friedenspolitik unter dem Primat des Zivilen bleiben.« (Denkschrift 2007: 118)

Komplexe Konfliktszenarien wie in Afghanistan, aber auch die Herausforderungen, vor die der IS die Weltgemeinschaft stellt, zeigen, dass die erarbeiteten ethischen Kategorien noch nicht ausreichen. Zwei weiterführende friedensethische Diskursprozesse ragen aktuell in der EKD heraus: Zum einen hat sich die Badische Landeskirche auf einen Konsultationsprozess (»Wie werden wir Kirche des gerechten Friedens?«) eingelassen und sich der Frage gestellt: Ist die von der Denkschrift erarbeitete Position der »vorrangigen Option für die Gewaltfreiheit«

ausreichend oder müssen wir als Kirche konsequent auf die Gewaltfreiheit als einzige Option setzen? Zum anderen haben die Evangelischen Akademien ein Zwischenergebnis ihres Diskursprojektes zur Friedensfrage mit kritischen Anfragen an die aktuellen kirchlichen Standpunkte und die deutsche Außenpolitik vorgelegt. Das Ringen um den richtigen Weg zum Frieden bleibt christliche Aufgabe, denn:

»Die Welt ist noch nicht fertig, sondern wird als in Geschichte befindlich begriffen. Sie ist darum die Welt des Möglichen, in der man der zukünftigen verheißenen Wahrheit, Gerechtigkeit und dem Frieden dienen kann.« (Moltmann 1965: 312)

Dass die evangelischen Kirchen in Deutschland dabei endlich Friedenskirchen werden, bleibt die Hoffnung.

Pfarrerin Eva Hadem ist Leiterin des Lothar-Kreyssig-Ökumenezentrums und Friedensbeauftragte der EKM.

Literatur

EKD-Denkschrift (2007), Aus Gottes Frieden leben – für gerechten Frieden sorgen, Gütersloh. Online unter: https://www.ekd.de/EKD-Texte/friedensdenkschrift.html.

Haspel, Michael (2013): 1914–2014: Friedensethische Herausforderungen – Friedenspädagogische Perspektiven, in: ZPTh 4/2013: Krieg und Frieden – Religionspädagogik im Kontext, 304–317.

Moltmann, Jürgen (1965): Theologie der Hoffnung, München.

Schmid, Hans Heinrich (1983): in: TRE 11: Frieden – II. Altes Testament, Berlin, 605–610.

Material

Richte unsere Füße auf den Weg des Friedens. Ein Diskussionsbeitrag aus der Evangelischen Landeskirche Baden, Karlsruhe 2013.

Richte unsere Füße auf den Weg des Friedens. Pazifistisch-gewaltfreie Texte zur friedensethischen Positionierung der badischen Landeskirche, Karlsruhe 2012. Online unter: http://www.ekiba.de/html/content/der_friedensethische_prozess_in_baden_bis_2013.html.

Die Evangelischen Akademien in Deutschland, »… dem Frieden der Welt zu dienen« Ein Diskursprojekt der Ev. Akademien in Deutschland e. V. – Ergebnisse und Empfehlungen, Berlin 2015. Online unter: http://www.evangelische-akademien.de/netzwerkprojekte/dem-frieden-der-welt-zu-dienen/dem-frieden-der-welt-zu-dienenstartseite.

Unterrichtsmaterial und mögliche Referentinnen und Referenten zur Friedensbildung: http://friedensbildung-schule.de/.

Buchtipps für die gemeindepädagogische Praxis

Petra Müller

In vielen Häusern wird in der Advents- und Weihnachtszeit Flötenmusik von Hans-Jürgen Hufeisen zu hören sein, und manch eine seiner zahlreichen CDs wird als Geschenk unter dem Weihnachtsbaum liegen. Selten war ich von einem Buch so berührt wie von der Biographie »**Das unglaubliche Leben des Flötenspielers Hans-Jürgen Hufeisen**«. Der Autor, der Theologe und Publizist **Uwe Birnstein**, erzählt in neun Kapiteln das Leben des Musikers, immer wieder unterbrochen von eigenen Berichten des Künstlers und von Interviews zahlreicher Weggefährten wie Jörg Zink, Walter J. Hollenweger, Anselm Grün und Margot Käßmann. Der Titel hält, was er verspricht – wer das Buch liest, wird staunen über diese im wahrsten Sinne des Wortes »Lebens«geschichte, die ein Zeugnis dafür ist, wie jemand trotz widrigster Umstände immer leben wollte. Drei Tage nach der Geburt wurde Hufeisen von seiner Mutter in einem Hotelzimmer zurückgelassen, in einem evangelischen Kinderheim entdeckt eine Erzieherin seine musikalische Begabung und schenkt ihm eine Flöte. In der Musik findet er sich, aber auch Geborgenheit und tiefen Halt. Wie ein roter Faden zieht sich die Suche nach seiner Mutter und die wenigen Begegnungen mit ihr durch das Buch. Beim Lesen bekommt man Gänsehaut und fragt sich, wie man so etwas nur verarbeiten kann. In diesem Fall heißt die Antwort vielleicht: mit Musik. Das Buch zeigt auch einige Stationen deutscher evangelischer Theologie der letzten fünf Jahrzehnte auf. Auch das ist interessant zu verfolgen. Hufeisens Flötenmusik schenkt immer wieder auch Momente, in denen wir ahnen können, dass Gottes Reich mitten unter uns ist.
Verlag Herder, Freiburg 2014, 224 Seiten mit 60 Farbfotografien, gebunden, ISBN 978-3-451-31192-5, € 22,-

»**Das neue Gebets-Kalendarium**« enthält 144 Gottesdienst-Gebete: Für alle 72 Sonn- und Feiertage des Kirchenjahres je ein Eingangs- und ein Fürbittengebet, das sich thematisch nach dem »Proprium« des jeweiligen Tages richtet. Sie wurden individuell verfasst von 72 Pastorinnen und Pastoren, die sehr persönliche Formulierungen finden. Die Texte können auch eine Inspiration zum Formulieren eigener Gebete sein.
Lutherische Verlagsgesellschaft, Kiel 2014, 96 Seiten, Hardcover, ISBN 978-3-87503-175-1, € 12,95

Das »Wort zum Sonntag« ist bekannt, vielen sicherlich auch Pastorin **Nora Steen**, die seit vielen Jahren zu den Sprecherinnen des WzS gehört. Nun hat sie das Buch »**Das Wort zum Alltag – Meine Woche mit Gott**« geschrieben. Sie ist eine bekennende Alltagsliebhaberin, wie sie schreibt. In vielen Alltagssituationen entdeckt sie Gott. Auf unterhaltsame, muntere und dennoch tiefsinnige Weise beschreibt sie solche Momente. Zwischen den Wäschebergen, beim »Tatort«-Schauen, beim Warten an der Supermarktkasse und vielen anderen Alltagssituationen flackert für einen Augenblick auf: Gott ist da, Gottes Reich ist mitten unter uns. Nora Steen hat einige Jahre das Haus der Stille im Kloster Wülfinghausen geleitet. Dort ist sie immer wieder von Gästen gefragt worden, wie es gelingen kann, etwas von der Klostererfahrung mit hinüber in den Alltag zu nehmen. Wer das »Wort zum Alltag« liest, findet Anregungen. Das Buch ist in der neuen **Edition Camino** des Verlags Katholisches Bibelwerk erschienen – einem vielversprechenden neuen Label, wo ich viele interessante Bücher entdeckt habe. Schauen Sie doch gerne selber dort nach (www.bibelwerk.de), vielleicht geht es Ihnen genauso wie mir.
Camino/Verlag Katholisches Bibelwerk, Stuttgart 2015, 192 Seiten, Hardcover, ISBN 978-3-460-50005-1, € 12,95

»**Worte, die mir gut tun**« – das könnte ein schönes (Weihnachts-)Geschenk sein. Es ist ein kleines Büchlein, nach der Idee von **Heide Warkentin**, in dem viel Platz ist, um Gebete, Bibelworte, Segenssprüche, Gedichte, Aphorismen und andere Texte hineinzuschreiben. Weniges ist in diesem schön gestalteten Buch vorgegeben: Rubriken, die eine Struktur geben und einige wenige ausgewählte Texte, die im Buch verstreut sind. Dann sind wir eingeladen, das Buch fortzuschreiben und die Seiten mit geistlichen Schätzen zu füllen. Ein Kleinod – war mein erster Gedanke, als ich das Büchlein in Händen hielt.
Claudius Verlag, München 2015, 128 Seiten, mit Lesebändchen, Hardcover, ISBN 978-3-532-62480-7, € 9,90

Welchen Adventsbegleiter werden Sie für sich persönlich in diesem Jahr auswählen? Oder brauchen Sie noch die eine oder andere Idee für eine adventliche Andacht oder Texte für eine Weihnachtsfeier? Oder etwas für den »Lebendigen Adventskalender«? Vielleicht ist das Adventskalenderbuch »**Hinter Türen schauen und staunen**« von **Hubertus Brantzen** ein passender Impulsgeber.  In diesem Buch warten 25 Türen, die geöffnet und entdeckt werden wollen. Der Autor setzt bei adventlichen Alltagsgegebenheiten an, wie sie uns allen immer wieder begegnen – die Bibel des Lebens nennt er diese. Und dann versucht er, hinter diesen Begebenheiten etwas von den Geheimnissen des Lebens zu entdecken. Die jeweiligen Impulsfragen lassen einen noch tiefer einsteigen. Sind sie nicht auch gespannt, was sich hinter den »Container-Menschen« oder den »Reibekuchen«, den »Wünschen«, den »Baustellen« oder dem »Profil« verbergen könnte? Ich habe schon ein wenig reingelesen und Lust auf mehr bekommen.

Verlag Herder, Freiburg 2015, 160 Seiten, gebunden,
ISBN 978-3-451-34270-7, € 16,99

Seit vielen Jahren, nein, seit Jahrzehnten schätze ich sehr die »Neukirchener Kinderbibel« und die »Neukirchener Erzählbibel«. Immer wieder habe ich Texte aus diesen beiden Kinderbibeln auch in der Arbeit mit Erwachsenen eingesetzt. Ihre einfache, prägnante Sprache hat mich schon damals überzeugt.  Jetzt hat **Irmgard Weth** mit der »Neukirchener Bibel« das **Alte Testament** neu erzählt und kommentiert – nun aber für Erwachsene. Auch hier laden die klare Erzählweise und der übersichtlich gegliederte Drucksatz zum Weiterlesen ein, so dass man nicht einzelne ausgewählte Verse liest, sondern ganze Geschichten und Erzählungen. Jegliche Versangaben fehlen. Es gibt auch Einführungen in die biblischen Bücher und Erläuterungen am Ende eines größeren Abschnittes. Interessant ist auch, dass einzelne Psalmen bestimmten Texten zugeordnet werden. Es ist wirklich ein Lesebuch.

Neukirchener Kalenderverlag, Neukirchen-Vluyn 2014,
716 Seiten, gebunden, Leinen mit Lesebändchen,
ISBN 978-3-920524-81-8, € 29,99

Ist es nicht jedes Jahr wieder das Gleiche: Die Advents- und Weihnachtszeit verlangt kirchlichen Mitarbeitenden viel Kreativität und Schaffenskunst ab. Zahlreiche Andachten sind zu gestalten, Gottesdienste sind vorzubereiten und kaum ist Weihnachten vorbei, stehen Jahreswechsel und Epiphanias vor der Tür.  Woher nur die ganzen Ideen nehmen? Wie gut, wenn man hin und wieder dann auch ein Werkstattbuch in die Hand nehmen kann, das einen auf neue Gedanken bringt. Für diesen Fall ist das Buch »**Beglänzt von seinem Lichte**« zu empfehlen. Alle Entwürfe hat der Autor **Thomas Weiß** in der Praxis erprobt. Das Buch dient nicht nur dem gemeindlichen Gebrauch, sondern auch der persönlichen Besinnung und Andacht. Letzteres kann ich bestätigen. Thomas Weiß versteht es zu schreiben. Manch einer wird seine beiden Bücher »Kann's auch etwas mehr sein?« und »Das Gelbe vom Ei« kennen, die beide ebenso im Gütersloher Verlagshaus erschienen sind.

Gütersloher Verlagshaus, Gütersloh 2014,
272 Seiten mit CD-ROM, kartoniert,
ISBN 978-3-579-06196-2, € 19,99

Die Psalmen bringen auf einmalige Weise unser Leben zur Sprache. Sie sind das Gebetbuch der Bibel und »ein Schatz der Kirche«, wie Bonhoeffer sinngemäß schrieb. Sie haben ihren festen Platz in unseren Gottesdiensten, in Klöstern kommen sie Tag für Tag zum Erklingen und prägen den Tag.  Viele Menschen begleiten sie in den Grenzsituationen des Lebens. Schon das erste Hineinlesen in das Buch »**Gesänge der Leidenschaft – Die befreiende Kraft der Psalmen**« war ein Genuss. **Georg Magirius** eröffnet uns leidenschaftlich einen Zugang zu diesen alten Texten und lässt spürbar werden, welch befreiende Kraft in den Psalmen steckt. In ihnen »weht ein Sturmwind der Gefühle, sie sind Lieder der Straße, es ist das menschlichste Buch der Bibel«. Das Buch ist verständlich, packend und poetisch geschrieben. Ein wunderbares Buch für alle, die die Psalmen lieben und schätzen und denen sie Wegbegleiter sind.

Claudius-Verlag, München 2015,
160 Seiten, Paperback,
ISBN 978-3-532-62467-8, € 12,90

© Thomas Lohnes

MANGO, CHILI UND TOMATEN

Adventsaktion zur Unterstützung des Olugamangalam-Gartenprojektes im indischen Tamil Nadu

Hans-Georg Thannhäuser

Am 11. November 2015 wird in Pulsnitz die Adventsaktion »Mango, Chili und Tomaten …« eröffnet. Wieder ist es eine Zusammenarbeit zwischen der Evangelisch-Lutherischen Landeskirche Sachsens, der Evangelischen Kirche Mitteldeutschlands und des Leipziger Missionswerkes. Partner der Aktion ist die Tamilisch-Evangelisch-Lutherische Kirche in Indien. Das Projekt ist besonders dafür geeignet, dass es in Kindertagesstätten und Schulen beworben und durchgeführt werden kann.

PROJEKTBESCHREIBUNG

Einen Garten anzulegen und zu bebauen ist seit Menschengedenken Voraussetzung dafür, dass Leben erhalten und gestärkt wird. Der Garten bietet Nahrung, die so unverzichtbar ist. Aber auch die Schönheit der Blumen, die Attraktivität der Gewürze, der Schatten der Bäume und die Frische der Luft machen einen Garten in vielfältiger Weise zu einem Ort der Lebensfreude, der sinnvollen Tätigkeit und der Dankbarkeit. →

Evangelisch-Lutherisches
Missionswerk Leipzig

© Thomas Lohnes

Wer seine menschliche Existenz mit den Augen des Glaubens betrachtet, erkennt, dass die Schöpfung ein Geschenk Gottes ist und gleichzeitig unserer Fürsorge und Verantwortung bedarf. Das Olugamangalam Gartenprojekt in Indien vereint alle diese Aspekte und wurde deshalb als Adventsprojekt 2015 ausgewählt. Das Gelände des Gartens hat eine Größe von sechs Hektar und liegt in Südindien, an der Ostküste des Bundesstaates Tamil Nadu, zwischen den beiden Orten Tarangambadi (Tranquebar) und Porayar. Der Gartenbau und die Landwirtschaft haben dort eine lange Tradition und sind bis heute Grundlage des ländlichen Lebens. Menschen nutzen ihre Gärten zur Selbstversorgung und als Erwerbsmöglichkeit, indem sie ihre Ernte auf dem Markt anbieten. Es werden vor allem Bananen, Papaya, Tomaten, Chilischoten und Zitronen angebaut, aber auch Kokospalmen und Mangobäume fehlen nicht.

Das Gelände von Olumangalam ist Kircheneigentum und befindet sich in der Region, in der bereits seit über dreihundert Jahren christliche Mission in der Gemeinde, Sozial- und Bildungsarbeit stattfindet. 2004 war das Gebiet von der Tsunami-Katastrophe betroffen, deren Spuren auch heute noch hier und da sichtbar sind. So brauchte der Boden dieses Gartengeländes mehrere Jahre, um sich zu erholen und um nach einem Entsalzungsprozess wieder als Gartengelände zur Verfügung zu stehen. Nun ist es an der Zeit, wieder neu auszusäen und anzupflanzen.

Die Verantwortung für den Garten liegt in der Hand des Kirchlichen Colleges Porayar, das ganz in der Nähe für mehrere hundert Kinder eine Ausbildung ermöglicht und ein angeschlossenes Internat betreibt. Das Konzept sieht vor, dass der Garten von den verschiedenen Klassen des Colleges als Bildungsstätte genutzt werden kann, sowohl um biologische Wachstumsprozesse zu veranschaulichen als auch um auf die Verantwortung des Menschen gegenüber der Natur hinzuweisen. Nicht zuletzt wird der Garten für die Schule und für die Umgebung ein Ort der Erholung und Meditation sein.

Für die Urbarmachung und Anpflanzung des Gartens wurde eine Summe von 45.000 Euro veranschlagt, die durch Spenden eingeworben werden soll.

Die indische Partnerkirche TELC stellt das Know-how zur Verfügung und zeichnet für die fachgerechte Umsetzung des Projektes vor Ort verantwortlich. Die Erträge des Gartens werden kirchlichen Bildungseinrichtungen zugutekommen und die Mahlzeiten der Kinder ergänzen und aufwerten. Die Nachhaltigkeit des Projektes wird durch die weiterführende Bearbeitung des Gartengeländes durch das Kirchliche College Porayar gewährleistet, das auch über die Zeit der Anschubfinanzierung hinaus den Garten pflegen und bearbeiten wird.

Pfarrer Hans-Georg Tannhäuser ist stellvertretender Direktor des Leipziger Missionswerkes und Referent für Asien/Pazifik.

www.mango-chili-und-tomaten.de

Mango, Chili und Tomaten
Adventsaktion für das
Olugamangalam-Gartenprojekt
in Tamil Nadu

Zu dem Projekt ist ein Materialheft entstanden.

Bei Nachfragen wenden Sie sich an <hans-georg.tann haeuser@lmw-mission.de>

Spendenkonto zur Aktion:
Aktionsnummer: 332 000 65,
Adventsaktion 2015.

www.mango-chili-tomaten.de

www.facebook.de/
Adventsaktion2015

Der Verkündigungsengel Gabriel und Maria

Eine Bildbetrachtung im Kirchenraum

Andrea Felsenstein-Roßberg

Die wohl häufigste Darstellung von Engeln mit Menschen ist die Verkündigung an Maria. Die Kunst hat uns auf vielfältige Weise diese im Evangelium von Lukas beschriebene Szene (Lk 1) ins Bild gesetzt.

In vielen Kirchenräumen gibt es Verkündigungsbilder. In Fensterprogrammen und auf Altären finden sich häufig Zyklen der Darstellung der Anfänge des Lebens Jesu oder des Marienlebens, wo die Verkündigungsszene eingewoben ist. Es sind Darstellungen einer besonders geheimnisvollen wie auch anrührenden, zarten Begegnung zwischen Himmel und Erde, verbunden mit der Frage Gottes, die bis heute an jeden Menschen gerichtet ist: Darf ich bei dir wohnen?

Im Folgenden werden Impulse zur Erarbeitung eines Verkündigungsbildes dargestellt.

I. Einstieg:

Die Teilnehmer versammeln sich vor dem Kirchenportal oder bereits in der Kirche am Eingang.

Begrüßung

Hinführung

Meister von Seitenstetten: Mariä Verkündigung, um 1490

Verabredungen gehen heute einfach und sekundenschnell. Wir zücken das Handy, drücken mit dem trainierten Daumen die Nachricht: Lade dich morgen zum Kaffee ein – Gehst du mit mir shoppen – Komm mit ins Kino, es läuft ein toller Film – Komme heute früher heim, bitte aufräumen! In Sekundenschnelle werden auch Briefe geschrieben, Einladungen, Angebote, Werbungen, Mitteilungen und Liebesbriefe per E-Mail verschickt. Damals aber hatte man viel weniger Möglichkeiten, sich zu benachrichtigen. Wenn es schnell gehen musste, schickte man sich Telegramme. Noch früher, wenn z. B. der König einem anderen König etwas mitteilen wollte, dann schickte er Boten. Berittene Boten zogen des Nachts bei

Wind und Wetter von Poststation zu Poststation, bekamen dort immer neue Pferde, bis sie angekommen waren. Dort wurde dann die neue Nachricht in Empfang genommen und in Windeseile wieder zurückgebracht. Ein mühsames Unterfangen!

In der Bibel gibt es Geschichten, da wird erzählt, wie Gott sich ausdachte, seine dringende Botschaft an die Menschen zu bringen. Und wie er das machte, und wem er seine Botschaft bringen ließ, das haben Menschen immer wieder gemalt. Hier in der Kirche haben wir so ein Bild. Es ist schon fast XXXX Jahre alt und die Geschichte der Benachrichtigung, die es erzählt, spielt vor 2000 Jahren. Es geht also um eine ganz alte Nach- ➔

richt, die die Menschen aber so fasziniert hat, dass sie sie immer wieder gemalt haben.

Was ist da passiert?

Wir schauen uns das Bild einmal genauer an.

Teilnehmer gehen miteinander zu dem Bild und nehmen am besten davor Platz.

II.Bilderarbeitung:

Eine Taschenlampe mit deutlich fokussierendem Strahl wird herumgegeben. Wer die Taschenlampe in der Hand hat, leuchtet auf eine Stelle auf dem Bild und benennt kurz ihre Entdeckung zu der Frage:

1. Was sehe ich?

Dabei werden vorschnelle Deutungen zurückgestellt, wir tragen vor allem zusammen, welche Details wir entdecken können und den anderen zeigen wollen. Verlangsamung und genaues Hinschauen sind hier wichtig.

2. Was bedeutet das?

Die bekannte Szene aus dem Lukasevangelium kann aus der Erinnerung zusammengetragen und/oder konkret nach Lukas 1,26–38 aus der Bibel vorgelesen werden. Anschließend werden Geschichte und Bild miteinander verglichen, um die Intention des Künstlers herauszuarbeiten.

☛ In welchen Rahmen, welches Umfeld hat der Künstler (Name/Zeit) die Begegnung mit dem Engel gesetzt? Wo spielt sie? (Ort/Umgebung/Attribute)

☛ Was kommt in der Erzählung des Evangeliums nicht vor und ist der Interpretation des Künstlers geschuldet? Was könnte er damit sagen wollen?

Zum Beispiel: Der Erzengel Gabriel (meine Kraft ist Gott) gehört mit Michael (wer ist wie Gott?), Raphael und Uriel zu den sogenannten Erzengeln, die in der Engelhierarchie über den einfachen Engeln stehen. Gabriel ist der Bote der Verkündigung. Sowohl dem Priester Zacharias kündigt er die Geburt seines Sohnes Johannes an (Lk 1,19) wie auch Maria die Geburt Jesu (Lk 1,26 ff.). Häufig wird er in der Kunst mit einem Lilienstengel dargestellt oder mit gerichtetem Zeigefinger (vgl. Sachs/ Badstübner/Naumann 1998: 121).

Was bedeuten die Attribute auf dem Bild?

Der Verkündigungsengel Gabriel ist oft mit einer großen weißen Lilie (Lilienstab) abgebildet, den er in der Hand hält oder Maria überreicht. Nach mittelalterlicher Bildsprache verweist die Lilie auf die Reinheit Marias. Die elegante Form der Lilie verkörpert Ebenmaß und Harmonie und darin die Vollkommenheit der göttlichen Schöpfung. Damit gilt sie als auserwählte Blume für die Aus-

erwählte. Die Rose – auch häufiges Marienattribut – gilt als Sinnbild, in dem sich Marias Tugenden spiegeln. Duftend, schön, hingebungsvoll in Liebe und Mitleiden (vgl. Schmidt 2000: 113.137).

Zu Gabriel gehört oft ein Spruchband, das ihn umschlingt oder an dem Stab in seiner Hand befestigt quer durch die Szene flattert. Hier ist das Lob der Engel ins Bild gesetzt: Ehre sei Gott in der Höhe und Frieden auf Erden.

Farbsymbolik: Die Verkündigungsengel sind häufig in weißem oder goldenem Gewand dargestellt, Farben, die in der mittelalterlichen Farbsprache auf himmlische, göttliche Wesen verweisen. Maria dagegen wird häufig in einem blauen Mantel über einem roten Kleid dargestellt, was die Farbe des Himmels aufnimmt. Blau signalisiert Transparenz und Klarheit des Denkens, während rot für Liebe, Wärme, aber auch für Leid und Blut steht (vgl. der Symbole). Seidentücher in entsprechenden Farben können die Kostbarkeit mancher Verkündigungsszene noch veranschaulichen.

Wie ist die Begegnung gestaltet?

Körperhaltungen, Gesten, Kopfwendungen, Blicke werden betrachtet.

Wie geht der Engel auf Maria zu? Was drückt seine Körperhaltung aus? Wohin geht sein Blick? Wie wirkt er? Gebieterisch – zurückhaltend – ernst ...?

Was drückt Marias Körperhaltung aus? Steht, sitzt oder kniet sie? Wohin geht ihr Blick? Was hat sie in der Hand? (Oft ein Buch, das den alten Bund ausdrückt und das ihr durch dieses Ereignis gleichsam aus den Händen rutscht.) Welches Adjektiv beschreibt am besten ihre Haltung? Gespannt – aufgeregt – versunken – abwesend ...?

Spannend kann es bei kleineren Frauen-Gruppen, deren Mitglieder sich untereinander vertraut sind, auch sein, dieses gemalte Ereignis in einer sogenannten Skulpturarbeit selbst nachzustellen.

Eine geht in die Haltung des Engels – eine in die Haltung Marias, oder die Gruppe stellt die beiden Freiwilligen wie den Engel und Maria auf dem Bild auf, formt Körperhaltung und Gestik an den Personen. Ist das Bild fertig, spüren der Engel und Maria einen kurzen Moment in sich hinein und dürfen dann, wenn sie angetippt werden, kurz einen eigenen Satz sagen, der ihnen jetzt aus ihrer Haltung heraus spontan einfällt. Wie passiert die Benachrichtigung? Hat der Engel gesprochen? Hat sich für Maria das alles nur im Inneren vollzogen? Wo liegt ihre Aufmerksamkeit? Danach wird das Bild aufgelöst. Zwei weitere Personen können noch einmal in die Skulpturarbeit hineingehen.

Die Erfahrungen der Betrachtenden und der Protagonistinnen werden ausgetauscht.

Wie habe ich die Szene erlebt? Was habe ich für mich entdeckt?

Leonardo da Vinci: Die Verkündigung, um 1472–1475

3. Was bedeutet mir dieses Bild?

Rundgespräch
Wir treten wieder zurück aus der Identifikation und überlegen, was das Bild heute für mich bedeuten könnte. Diese Runde kann abgeschlossen werden mit einem Text, z. B. von Irene Dilling zu Lk 1,28 (© Communität Casteller Ring, Schwanberg):

In meinen Alltag trittst du grüßend ein
Du fragst nicht ob Raum ist
Und Zeit und Erwartung
Du fragst nicht ob ich recht bin
Ob mein Herz dir genügt
Du trittst bei mir ein
Du sprengst meine Tür
Du sprengst meinen Rahmen
Du weitest mein Herz
Soll mir das geschehen
Dein Lächeln ist freundlich
Du berührst meine Angst
So lass ich geschehen
Die Botschaft den Gruß
Und mitten im Alltag
Zieht Gott bei mir ein

4. Worauf verweist das Bild?

Hier wird der Verkündigungsgehalt des Bildes angesprochen. Die Menschwerdung Gottes hat in dieser Darstellung der Verkündigung des Engels an Maria so etwas wie eine Ikone erhalten. Was erzählt sie über Gott? Worauf zielt die Verkündigung des Bildes?

Interessant ist auch der Ort, wo im Kirchenraum das Verkündigungsbild angebracht ist und in welcher Beziehung es zu den es umgebenden Kunstwerken oder liturgischen Orten wie Altar, Taufstein, Kanzel, Ambo etc. steht, bzw. in welche Deutungszusammenhänge es durch die Themen der Umgebung im Kirchenraum kommt.

III. Abschluss:

Lied: »Wie soll ich dich empfangen und wie begegne ich dir« oder »Ihr lieben Christen freut euch nun«
Am Ende kann jede noch ein Foto oder – falls vorhanden – eine Postkarte des Verkündigungsbildes erhalten, evtl. mit dem Text von Irene Dilling (s.o.).

Andrea Felsenstein-Roßberg
ist Referentin für Spiritualität,
Kirchenraum und Fortbildung am
Gottesdienst-Institut der Evangelisch-
Lutherischen Kirche in Bayern.

Literatur

Dilling, Irene (1999): Geheimnis des Glaubens, Bronzeplastiken und Texte, Bayreuth. Gebundener Bild-und Textband, zu beziehen über CCR Schwanberg, 09323-32182.

Sachs, Hannelore/Badstübner, Ernst/Neumann, Helga (1998): Christliche Ikonografie in Stichworten, München-Berlin.

Schmidt, Margarethe (2000): Warum ein Apfel, Eva?, Regensburg

Es wird Kindergeburtstag gefeiert. Die Kinder sind in freudiger Erwartung. Das Geburtstagsfest soll bunt und lustig werden. Geschenke sind überreicht, Gratulationen wurden ausgesprochen, der Kuchen ist gegessen. Nun soll gespielt werden. Auf dem Tisch liegen Preise. Es geht um Wettbewerb. Es geht darum, wer der Erste ist, wer der Schnellste ist, wer die größte Geschicklichkeit zeigt. Der Erste – der Zweite – der Dritte, in dieser Reihenfolge werden auch die Belohnungen gewählt und verteilt. Der Letzte bekommt, was übrig bleibt – den Trostpreis.

Ein Trostpreis. Was ist das? Ist es nur eine Nutzlosigkeit, um ein Kind billig ruhig zu stellen? »Schrei nicht! Du bekommst ja auch was!« Oder ist es ein Gegenstand, der trösten soll, vielleicht sogar vertrösten? Ist es ein Preis, der ausgelobt wird, um herauszufinden, in welcher Weise Menschen am besten in der Lage sind, Trost zu spenden? Ist es ein Preis, den man zahlt, um Trost zu bekommen? Wofür soll hier Trost gegeben werden? Sollen Erfahrungen der Trostlosigkeit oder Untröstlichkeit emotional gewandelt werden? Oder ist es schlicht ein Begriff, der in die Kategorie der Unworte der deutschen Sprache gehört?

UNTRÖSTLICH VERTRÖSTET – TROSTREICH GETRÖSTET

Anregungen zur Jahreslosung 2016 für die Arbeit mit Kindern

Simone Merkel

Von den Worten zum Beziehungsgeschehen

Trostpreis, Trostpflaster, Seelentröster und vieles andere sind vermutlich die oberflächlichen Infantilisierungen des Begriffes. Sucht man nach der Wortherkunft, wird man tiefgreifender fündig. Trost meint die Linderung seelischer und körperlicher Schmerzen. Trost hängt etymologisch mit dem Wortstamm *treu* zusammen und deutet auf Begriffe wie Zuversicht, Ermutigung, Halt und innere Festigkeit. Die deutsche Sprache nutzt das Wort, um Verlust oder Mangel zu benennen, wenn ein Zustand trostlos oder ein Mensch untröstlich ist. Sie nutzt ihn auch, um die Richtung der Aktivität zu beschreiben. Jemand, der von Schmerz überwältigt ist, verlangt nach Trost, bedarf des Trostes oder sucht nach Trost. Auf der anderen Seite bedarf es desjenigen, der Trost spendet, gewährt oder verleiht. Nur so kann getröstet werden. Es bedarf eines Menschen, der gibt, und eines Menschen, der empfängt. Oder sind beide Gebende und Nehmende? Aber wer handelt aktiv? Wer verhält sich passiv? Ist Trost zu empfangen eine passive Situation, so als käme sie über jemanden und könne sich ohne sein Zutun vollziehen? Am Ende ist er getröstet – ob er es wollte oder nicht! Und: Trost zu spenden und Trost geschehen zu lassen scheint etwas sehr Intimes zu sein.

Da ist ein Mensch, der seine Schwachheit, Schutzlosigkeit und Angreifbarkeit erkennen lässt. Das erfordert Mut, das bedarf eines Schutzraumes, in dem sich Vertrauen entfalten kann. Das Vertrauen wird durch Aufmerksamkeit, Zuwendung und Mitgefühl erwidert. Wer ist am Ende Trostnehmer oder Trostgeber?

Im Vers der Jahreslosung für 2016 ist die Richtung der Aktivität klar. Die Schreiber des Textes im Tritojesaja legen Gott eine deutliche Zusage in den Mund, die ihn als aktiv Handelnden zeigt:

Ich will euch trösten, wie einen seine Mutter tröstet.
Jesaja 66, 13

Gott will trösten und er wird trösten, er ist der Trostgeber. Die Empfänger sind benannt. Dass sich hinter dieser Zusage ein intimes Beziehungsgeschehen verbirgt, lässt sich leicht erahnen. Deutlich erkennbar wird es auf jeden Fall dann, wenn man das Buch des Propheten Jesaja insgesamt betrachtet.

Der Prophet Jesaja

Das Buch des Propheten Jesaja hat einen langen Abfassungsprozess hinter sich. Es ist vermutlich über einen Zeitraum von fünfhundert Jahren von verschiedenen Autoren geschrieben, redaktionell bearbeitet, als Gesamtwerk zusammengewachsen und schließlich der Autorität der prominentesten Prophetenpersönlichkeit unterstellt. Es spiegelt über viele Generationen hinweg das Ringen Israels mit seinem Gott in der je aktuellen geschichtlichen Situation wider. Sprache und Stil lassen die Leser das besondere Beziehungsgeschehen zwischen Gott und seinem Volk nachvollziehen.

Aus dem ersten Teil (Kapitel 1–39) spricht die wachsende Bedrohung Israels und Judas durch die Assyrer im 8. Jh. v. Chr. Hier geht es um Treu- →

Was tröstet mich? Von wem erwarte ich Trost?
Wie und wodurch erfahre ich Gottes Trost?
Woran merke ich, dass mir Gottes Trost zuteil geworden ist?

losigkeit und den Untergang als Folge. Es geht um die Abkehr der Menschen von Gott, es geht um Unlauterkeit und Ungerechtigkeit im menschlichen Miteinander. Der Prophet verkündigt das Festhalten an Gott als einzige Möglichkeit zur Rettung. Die politische Katastrophe nimmt seinen Lauf und gipfelt in der Zerstörung Jerusalems und des Tempels und im babylonischen Exil. Die Texte des Deuterojesaja (Kapitel 40–55) weisen auf den geschichtlichen Rahmen des 6. Jh. v. Chr. – das Exil in Babylon, das Befreiungsedikt der Perser und die Erlaubnis der Rückkehr nach Jerusalem unter dem persischen König Kyros. Mit hoffnungsvollen Formulierungen wird die völlige Erneuerung angekündigt, die Wiederherstellung Jerusalems rückt in greifbare Nähe. Die Rede von Gott, über Gott und mit Gott nimmt ihn wieder als Schöpfer und Retter in den Blick. Im Tritojesaja (Kapitel 56–66) liegt schließlich eine komplexe Textsammlung vor, die babylonisches Denken und Kenntnis israelisch-judäischer kultische Tradition erkennen lässt. In der Verkündigung geht es jetzt um Zuversicht, Neuanfang und Heil. Symbolhaft und elementar wird die Hoffnung auf Trost und Heil formuliert. Weitreichende Metaphern verdichten die Aussagen. Besonders interessant ist, dass auch das Reden von Gott durch sprachliche Bilder intensiviert wird.

Für die Heilsverkündigung verwenden die Schreiber außerordentlich vielfältige Bilder. Es sind Bilder, die geeignet sind, Fülle und Überfluss, Sättigung und Teilhabe umfassend vor dem inneren Auge der Hörer und Leser entstehen zu lassen. So ziehen sich ganz und gar weibliche Motive wie ein roter Faden durch die Texte des zweiten und dritten Jesaja. Der Prozess der Volkwerdung wird mit Schwangerschaft, Wehen und Geburtsnöten beschrieben. Folgerichtig sind dann die Motive des Heils ebenso weibliche Motive. Das Saugen an der Mutterbrust darf gewiss als Urbild von Intimität und Sicherheit, von Fülle und Sättigung verstanden werden.

Mit einem Jubelruf wird die Heilsverkündigung in Jesaja 66, 10 eingeleitet. Dass der Jubel notwendig ist, wird durch die folgende Begründung unterstrichen. »Ihr dürft saugen und euch satt trinken an den Brüsten des Trostes; denn nun dürft ihr reichlich trinken und euch erfreuen an dem Reichtum ihrer Mutterbrust« (Jes 66,11). Es geht um Frieden und Reichtum, um Schutz, der Festigkeit und Zu-

versicht verleiht. Mit den folgenden Worten wird der Gedanke im Vers 12 unterstrichen: »Ihre Kinder sollen auf dem Arme getragen werden, und auf den Knien wird man sie liebkosen.« Die Zusage in Vers 13 fasst diese Motive zusammen und bestätigt grundlegend, welche Art von Trost die Menschen zu erwarten haben. Das Urbild von Vertrauen und Zuwendung, das allumfassend und lebensgründend ist, wird hier genutzt. »Ich will euch trösten, wie einen seine Mutter tröstet.«

Trostworte in der Bibel
Die Zusage des Heils und der Fülle überträgt Hoffnung und Zuversicht in so großem Maße, dass die innere Festigkeit gesichert ist und ein Neuanfang möglich wird. So hat es das Volk Israel erfahren, so ist es im Jesajabuch festgehalten. Die Frage, wie der Trost Gottes für den Einzelnen spürbar und wirksam wird, lässt sich mit dieser Textstelle nur bedingt beantworten. Anhand der gesicherten Existenz und des Wiedererstarken des Volkes ließe sich die Einlösung der Zusage sicher festmachen. Was aber schließlich dem Einzelnen zum Trost gereicht, wird an anderen Stellen in der Bibel sichtbar. Hiob wird gefragt, ob seine Gottesfurcht, nicht sein Trost wäre (Hiob 4,6). Der Psalmbeter benennt die Gnade Gottes als Trost (Psalm 109,21 und 119,76). Das ausführliche Lob über Gottes Gesetz führt schließlich zur Erkenntnis, dass es Trost sei (Psalm 119, 92). »Dein Stecken und Stab trösten mich«, heißt es im Psalm 23. Wer oder was Trost gibt, lässt sich vermutlich immer erst rückblickend und vor allen Dingen nur als Selbsterkenntnis formulieren. Der Rückblick und die Individualität der Aussage sind zwei Merkmale, die darauf schließen lassen, dass der Trost seine Wirksamkeit entfaltet hat.

So mag die Jahreslosung Anstöße geben, um über die eigenen Trosterfahrungen – als Gebende und als Nehmende – nachzudenken. Zugleich wirft sie Fragen auf. Was tröstet mich? Von wem erwarte ich Trost? Wie und wodurch erfahre ich Gottes Trost? Woran merke ich, dass mir Gottes Trost zuteil geworden ist? An der kritischen Prüfung der eigenen Gottesbilder und der Reflexion der eigenen Gottesbeziehung kommt man dabei sicher nicht vorbei.

Die folgende Erzählung will Anstöße geben und zum Weiterdenken einladen.

Wie du und ich – oder ganz anders?!

Es ist Herbst geworden.
Die Bäume haben ihr Laub verloren. Im Wald ist es moderig
und feucht. Die Tage sind kurz und grau.
Auf der Seele liegt Schwermut.
Die Gedanken sind überschattet von Traurigkeit.
Trostlos das Dasein. Untröstlich die Menschen.
Was könnte Trost geben? Wer will sich trösten lassen?

Im Haus sitzt ein Stummer. Vor Tagen
ist sein Alltag stehen geblieben.
Im Briefkasten vor dem Haus veralten die Neuigkeiten.
Auf dem Teller in der Küche vertrocknet ein Bissen vom
letzten Brot. Der Atem verfängt sich im wuchernden Bart.
Trostlos das Dasein. Untröstlich der Stumme.
Stummer, wer könnte dir Trost bringen?
Stummer, willst du dich trösten lassen?
Eine leert den Briefkasten. Eine spült die Teller.
Eine streicht über den wuchernden Bart.
Sie bringt Holz. Sie schichtet es in den
Kamin. Sie zündet das Feuer.
Es prasselt. Die Flammen lodern. Es duftet.
Im Haus sitzt ein Stummer.
Er hört das Prasseln. Er sieht das Lodern. Er
atmet den Duft. Er spürt die Wärme.

Im Haus tobt ein Zorniger. Sein Haus
ist ihm wertlos geworden.
Mit unbändigen Kräften hebt er die Bäume aus der
Erde. Getrieben von Furcht verdunkelt er die Fenster.
Blind vor Wut reißt er sich die Kleider vom Leib.
Er schreit: Mein Gott, warum siehst du mich nicht? Mein Gott,
du hast mich verlassen! Mein Gott, ich bin an allem Schuld!
Zorniger, wer könnte dir Trost bringen?
Zorniger, willst du dich trösten lassen?

Eine trägt mutig ein Licht ins Haus. Eine erträgt geduldig das
Schreien und Toben. Eine klagt und weint mit dem Zornigen.
Sie knetet Teig. Sie formt ein Brot. Sie bäckt es im Ofen.
Im Haus klagt ein Zorniger.
Sie essen gemeinsam. Sie schmecken das
Brot. Sie spüren die Stärkung.

Durch das Haus irrt ein Suchender.
Dieser Ort ist ihm ein Rätsel geworden.
Er streift durch die Straßen und hört vertraute Stimmen. Er
blättert im Album und sieht die vergangen Zeiten vor sich.
Er legt sich in die Kissen und atmet den Duft der Liebe.
Voller Fragen jeder Ort. Sehnsuchtsvoll jedes
Wort. Rätselhaft jeder Augenblick.
Suchender, wer könnte dir Trost bringen?
Suchender, willst du dich trösten lassen?
Eine geht mit. Eine bringt Bilder und Töne. Eine
erzählt Geschichten der Erinnerung.
Sie wartet. Sie hört. Sie redet.
Im Haus sucht ein Fragender.
Er wird gehört. Er wird gesehen. Er findet Antworten.

Der Frühling ist erwacht.
An dem Bäumen sprießt das junge Grün.
Blühende Farbtupfer überziehen das Land.
Die Tage sind sonnig und leicht.
Trostreich erwacht das Leben. Getröstet die Menschen.
Was konnte Trost geben? Wer hat sich trösten lassen?

Der Stumme sagt: Die Stille hat mir Trost
gegeben, die Berührung und die Wärme.
Der Zornige sagt: Das Klagen hat mir Trost
gegeben, die Nähe und die Stärkung.
Der Suchende sagt: Die Bilder haben mir Trost
gegeben, die Geschichten und die Antworten.

Der Sommer kommt. Es wird Herbst. Der Winter
legt sich über das Land. Der Frühling erwacht.
Und du? Willst du dich trösten lassen?
Was kann dir Trost geben?

BUCHEMPFEHLUNG

Jens Thiele, Der Junge, der die Zeit anhielt,
Peter Hammer Verlag, 2006

»›Als Anna am Morgen aufwachte und aus dem Fenster schaute, wunderte sie sich: Kein Wind bewegte
die Blätter der Bäume, kein Vogelgezwitscher drang
an ihr Ohr.‹

Alltagsrealität und Innenwelt werden zu traum-
ähnlichen Szenarien montiert und lassen viel Raum
für Gefühle und eigene Gedanken. Zeit vergeht und
damit auch Trauer und Schmerz. Eine hoffnungsvolle Geschichte über Vergangenheit und Neubeginn,
über Liebe und Freundschaft.« (aus: www.jensthie-
le.de/illustrationen/der-junge-der-die-zeit-anhielt.
php) Das Bilderbuch von Jens Thiele thematisiert

Trauer und Trost auf außerordentlich behutsame
und künstlerisch anspruchsvolle Weise. Es gibt
wertvolle Anregungen für Gespräche mit älteren
Kindern, Jugendlichen und Erwachsenen. Der un-
gewöhnliche Illustrationsstil kann Inspiration für
die kreative Umsetzung der eigenen Gedanken sein.

*Simone Merkel ist Studienleiterin
für gemeindliche Arbeit mit Kindern
im Amt für kirchliche Dienste in
der Evangelischen Kirche Berlin-
Brandenburg-schlesische Oberlausitz.*

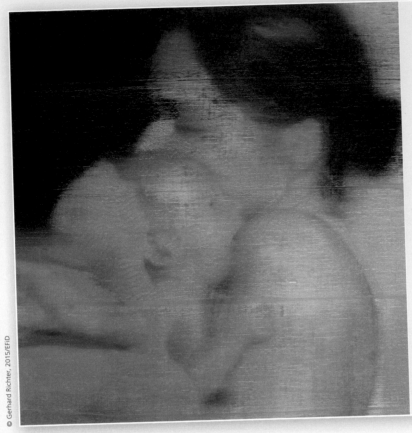

Wie eine Mutter
tröstet, so will
ich euch trösten.

Jes. 66,13

© Gerhard Richter, 2015/EFID

Trost Gottes – Gedanken zur Jahreslosung

Entwurf für die Arbeit mit Erwachsenen

Susanne Sengstock

Paulas Locken wehen im Fahrtwind. Sie strahlt von Kopf bis Fuß. Doch dann, eine kleine Unebenheit auf dem Weg, sie kommt ins Schleudern, kann das Rad nicht in der Spur halten und fällt hin. Eine Schrecksekunde, dann weint sie. Ihre Mutter ist sofort da. Sie nimmt sie in den Arm, streichelt sie und ihre Zauberpuste hilft – wie immer.

Ich stelle mir vor, dass viele Menschen solche oder ähnliche Erlebnisse schildern, wenn sie sich in Gesprächskreisen u. a. über die Jahreslosung austauschen. Sie erzählen von ihren eigenen Trosterfahrungen oder aber von der Sehnsucht, damals so getröstet worden zu sein.

Auch ich erinnere mich, wie ich meine Kinder getröstet habe bzw. wie ich als Kind getröstet wurde, als ich die Jahreslosung las. Gleichzeitig merke ich auf: Achtung, hier droht die Klischeefalle. Eine Falle, die festlegt, wie Mütter sind bzw. zu sein haben: Mütter sind immer da für ihre Kinder, alle Mütter können gut trösten, denn sie haben diese sich grenzenlos einsetzende, zärtlich streichelnde Liebe. Ein Klischee.

Gott tröstet wie eine Mutter. Eigentlich finde ich es nicht ansprechend, mir Gott als singende Frau vorzustellen, die mir angesichts von Schmerz und Leid »Heile, heile Gänschen« singt. Das ist für mich kein Bild, das trägt. Auch graut es mir vor Predigten, in denen einem männlichen Gott ein paar weibliche Attribute zugestanden werden, damit sich alle »wiederfinden« können, in Wirklichkeit aber nur klischeehafte Geschlechterrollen reproduziert und zementiert werden.

So möchte ich näher hinschauen: Was heißt trösten/Trost bei Jesaja bzw. im biblischen Kontext? Welches Mutterbild steht hinter der Jahreslosung? Und was heißt das für mein Gottesbild?

TRÖSTEN

Das hebräische Wort nhm kann je nach grammatikalischer Form trösten, getröstet werden, Mitleid haben, leidtun, sich erbarmen, aber auch sich rächen bedeuten. Am häufigsten findet sich das Wort bei Jesaja. Dort steht es in enger Verbindung zum Wort rhm, »sich erbarmen«, vor allem dann, wenn Gott es ist, der tröstet. Denn wenn Gott tröstet, erneuert er die Gemeinschaft zu seinem Volk, von dem er sich zuvor abgewandt hat (Jenni 1979: 59–63). Gottes Trost ist die Beendigung von existentieller Not. Dies geschieht nicht durch ermutigende Worte, sondern durch eine Tat Gottes. Die Not, der Grund der Trauer ändern sich wirklich. Trost meint kein Vertrösten, ist kein Ersatz von Hilfe oder Rettung, sondern meint das wiedergewonnene Leben (Crüsemann 2009: 116 f.) Gottes Trost ermöglicht die Rückkehr ins Leben, schenkt Leben.

Mir fällt da das »Trostverbundsystem« ein, das Luise Schottroff entdeckt hat: Gott ist die Quelle aller Tröstung. Der Trost wird fortwährend an Menschen und von Menschen weitergereicht und geht durch das menschliche Loben, Danken und Segnen wieder zu Gott zurück, so dass ein Kreislauf entsteht. Trost ist eine Gabe Gottes, die im Leben wirkt. Trost wird »in menschlichen Beziehungen als authentische Gabe Gottes erfahren und wechselseitig ausgetauscht zur Rettung des Lebens« (Crüsemann 2009: 118).

Der Trost Gottes ist also nicht banal. Gottes Trost vertröstet nicht, ist keine Ablenkung, keine Zauberpuste, sondern Leben. Ich denke, das ist es, was viele an der Jahreslosung anspricht: Die Gewissheit, dass in Krisen und Nöten Gott Halt gibt. Dass es wirklich einen Ausweg gibt. Psychologische Ansätze meinen, dass es Menschen möglich ist, ein Urvertrauen zu entwickeln, auf dem das Gottvertrauen basiert, wenn sie in ihrer frühesten Lebenszeit als Baby erlebt haben, dass in Krisen verlässlich eine Person da ist. Und deshalb ist es auch kein Zufall, dass zur Jahreslosung besonders das Motiv ansprechen wird, auf dem ein Baby in den Armen einer Frau zu sehen ist.

Interessant finde ich, dass der hebräische Text von isch spricht. Wörtlich übersetzt heißt der Vers: »Wie ein Mann/Mensch, der von seiner Mutter getröstet wird, so werde ich euch trösten.« Nicht ein Kind oder ein Baby wird getröstet, sondern eine erwachsene Person. Zuvor beschreibt der Text (V. 11) eine Frau, die ihre Kinder an ihren Brüsten saugen lässt. Diese Frau steht nun nicht für Gott, sondern für Jerusalem. Das Bild wechselt von Jerusalem zu Gott, ohne dass dies logisch erklärt werden kann. Deutlich aber ist, dass nicht nur Kleinkinder, sondern auch Erwachsene Trost – bei Jesaja angesichts von Zerstörung, Krieg und Elend – brauchen. Und dass es Gott selbst ist, der sich mit einer Mutter vergleicht, die Israel Trost und damit neues Leben spendet.

MUTTERSCHAFT

Die Gebärmutter gehört nach alttestamentlicher Vorstellung Gott. Gott allein hat die Macht, die Gebärmutter zu öffnen oder zu verschließen und entscheidet damit über das Muttersein. Die vielen biblischen Texte zur Kinderlosigkeit zeigen, dass das Muttersein für eine Frau im alten Israel eine große Rolle spielte. Kinderreichtum garantierte die Verankerung in der Gesellschaft und die Altersversorgung. »Kinder galten (dabei) als Ausdruck göttlichen Segens« (Staubli/Schroer 2014: 83). Der Segen Gottes ist ein sichtbares Zeichen der Zuwendung Gottes, der Menschen erfüllt und der weiterfließen möchte. So wie es im Trostverbundsystem einen Kreislauf des Trostes gibt, so gibt es auch einen Segenskreislauf. Das, was Menschen an Segen empfangen, behalten sie nicht für sich allein, sondern geben den Segen Gottes weiter. Das, was Kinder an Wohlstand, Verankerung in der Gesellschaft, Freude etc. schenken, dieser Segen wird geteilt und im Dank und Gebet an Gott zurückgegeben. Auch so kann ein Netz von Beziehungen entstehen, das den Segen in der Welt konkret werden lässt.

Auch das, was eine Mutter kennzeichnet, geht über eine reine Zweierbeziehung von Mutter und Kind hinaus. Silvia Schroer und Thomas Staubli belegen mit Verweis auf 1Kön 3,16–28 u. a., dass das Muttergefühl im alttestamentlichen Denken kein angeborener Instinkt ist, sondern eine soziale Fähigkeit. Nicht an der DNA, sondern am Verhalten ist eine Mutter zu erkennen. In den alttestamentlichen Texten kennt »die soziale Form von Mutterschaft keine familiären Grenzen, sondern ist eine Qualität, die in Sorge und Fürsorge für den Nächsten, für einen Stamm oder ein ganzes Volk münden kann« (Staubli/Schroer 2014: 93). Und: »Vater- und Mutterschaft wird in den biblischen Texten über ein biologistisches Verständnis hinaus als ein vorbildliches, segenswirkendes Verhältnis verstanden« (Staubli/Schroer 2014: 94).

REDEN IN METAPHERN

Das Buch Jesaja ist ein Buch voll von weiblichen Metaphern für Gott. Irmtraut Fischer schließt daraus, dass für Gott männliche und weibliche Bilder benutzt werden müssen, damit sämtliche innerweltliche Realität transzendiert werden kann (Fischer 1989: 255).

Gott übersteigt unsere Sprache. Wenn wir Menschen über Gott reden, Gott beschreiben, dann ist das immer nur eine Annäherung. Das ist der Sinn des Bilderverbotes, damit die eigene Vorstellung von Gott nicht absolut gesetzt werden kann. Wir finden in den biblischen Texten keine ungebrochenen Statements über Gott. Viel- →

mehr werden in vielfältigen Bildern Gottesbeziehungen beschrieben. Diese Bilder sind kontextuell und damit vorläufig und begrenzt. Die Vielfalt der Bilder spiegelt die vielfältigen Beziehungen wider, die Menschen zu Gott haben können. Das Bild einer tröstenden Mutter ist ein solches Bild. Es ist wie jedes Bild von Gott eine Metapher. Metaphern funktionieren durch die Spannung von Vertrautheit und Verfremdung. Etwas Ungewöhnliches wird in die vertraute Welt eingeholt, damit es zu einer »Überbietung des Wirklichen durch neue Möglichkeiten kommt« (Frettlöh 2006: 231 ff.) So kann das ganz Andere Gottes deutlich gemacht, zur Sprache gebracht und erfahrbar werden. Nähe mit sich, mit anderen und Gott wird möglich. Dass Mütter trösten, ist etwas sehr Vertrautes. Entweder haben wir dies erlebt und/oder selbst getan. Gott tröstet nun wie eine Mutter. Die Verfremdung könnte darin liegen, dass dieser Trost nicht individuell zu sehen ist, sondern Auswirkungen auf alle hat, Trost gibt Leben, spendet Segen, für Menschen und für Gott. So verstehe ich das Trostverbundsystem.

Die Metapher vom Vatergott und die Metapher von Gott als Mutter zeigen, dass sich Glaubende als Söhne und Töchter verstehen und damit auch als irdisch und zeitlich begrenzte Brüder und Schwestern.

Mir gefällt der Gedanken, dass die fürsorgenden Aspekte Gottes als Mutter (und als Vater) im christlichen Glauben vielleicht deshalb so stark betont werden, um eine Überhöhung der irdischen, biologischen Mutter- und Vaterschaft entgegenzutreten und um die Glaubenden zu solidarischen Geschwisterlichkeit zu ermuntern. So können Klischees vermieden, Mütter vor Überforderung geschützt werden und das wunderschöne und tragende Bild eines Gottes, der tröstet, wirken.

ANREGUNGEN FÜR DIE PRAXIS

Der Verein Evangelische Frauen in Deutschland e. V. gibt jedes Jahr Postkarten mit der Jahreslosung heraus. Diese eignen sich gut, für einen Einstieg in einer Gruppe. 2016 gibt es zwei Motive. Ich beziehe mich hier auf die Karte, auf der eine Frau ein Baby in den Armen hält. Die Karten sind zu bestellen bei <bestellung@evangelischefrauen-deutschland.de>.

Alle betrachten zunächst für sich in der Stille das Bild und stellen sich dabei folgende Fragen:

- Was gefällt mir?
- Was gefällt mir nicht?
- Was fällt mir auf?
- Was zieht meine Aufmerksamkeit an?

Im Anschluss folgt ein Austausch darüber in Kleingruppen und/oder in der großen Runde. Zuerst sollen die persönlichen Gedanken, Assoziationen und Gefühle beim Betrachten berichtet werden.

In einem weiteren Schritt können dann Informationen zum Bild und zum Autor gegeben werden. Mit diesen Informationen erfolgt ein Gespräch in der ganzen Gruppe. Aus den Beiträgen werden Fragen an die Jahreslosung formuliert.

Dann gibt die leitende Person einen Input zum Thema »Trost Gottes und Trostverbundsystem«. Mit diesen Informationen erfolgt eine Diskussion über die an den Text gestellten Fragen.

In der Diskussion wird es auch um das Gottesbild gehen. Hier ist dann zu fragen, welche Auswirkungen die Jahreslosung auf das eigene Gottesbild hat.

Zum Abschluss bietet sich eine Reflexion an. Jeder überlegt zunächst für sich, welche Gedanken er/sie mit nach Hause nimmt. In einer Runde kann dann jeder zwei Sätze hierzu sagen.

Gebet zum Abschluss

Gott,
du trägst das Leben in dir,
du nährst uns an deiner Brust,
du tröstest uns, wenn wir in Not sind,
und du lehrst uns, Verantwortung
zu übernehmen.
Hilf uns, so auf die Herausforderungen
des Lebens zu antworten,
dass auch andere das Leben
in uns finden mögen,
in deinem Namen.
Amen.

(nach Janet Morley, aus: Preisen will ich Gott meine Geliebte, Freiburg 1989)

Pastorin Susanne Sengstock arbeitet als Referentin für Feministische Theologie und Spiritualtität im Frauenwerk der Nordkirche.

Literatur

Crüsemann, Marlene (2009): Trost, charis und die Kraft der Schwachen. Eine Christologie der Beziehung nach dem zweiten Brief an die Gemeinde in Korinth, in: Crüsemann, Marlene/Jochum-Bortfeld, Carsten (Hrsg.): Christus und seine Geschwister. Christologie im Umfeld der Bibel in gerechter Sprache, Gütersloh.

Fischer, Irmtraud (1989): Das Buch Jesaja. Das Buch der weiblichen Metaphern, in: Schottroff, Luise/Wacker, Marie-Theres (Hrsg.): Kompendium Feministische Bibelauslegung, Gütersloh.

Staubli, Thomas/Schroer, Silvia (2014): Menschenbilder der Bibel, Stuttgart.

Frettlöh, Magdalene L. (2006): Gott Gewicht geben, Bausteine einer geschlechtergerechten Gotteslehre, Neukirchen-Vluyn.

Jenni, Ernst/Westermann, Claus (1979): Theologisches Handwörterbuch zum Alten Testament, Band II, München.

»Einen guten Beschluss!«

Ideen für einen persönlichen Jahresrückblick

Petra Müller

In Franken wünscht man sich am Jahreswechsel nicht einen »Guten Rutsch!«, sondern einen »Guten Beschluss!«. Ein guter Beschluss – da darf etwas zum Abschluss kommen. Jeder Betrieb macht einen Jahresabschluss, bilanziert Einnahmen und Ausgaben. Verschiedene Fernsehsender strahlen Jahresrückblicke aus. In den Kirchengemeinden werden Jahresschlussgottesdienste gefeiert. Und viele von uns schauen persönlich auf das zurückliegende und zu Ende gehende Jahr. Ein Schlussstrich wird gezogen. Als Bilanz kommt vielleicht heraus, dass es ein gutes Jahr war, eins, in dem sich viel bewegt hat oder aber, dass es ein Jahr war, das man am liebsten schnell hinter sich lassen möchte. Es gibt gute und schlechte Zeiten und es gibt magere und fette Jahre.

Wenn ich persönlich auf »mein« Jahr zurückschaue, dann verhilft mir oft mein Terminkalender zu einem ersten Überblick, um mir manches wieder in Erinnerung zu rufen. Doch wie auch die Zahlen einer Jahresbilanz erst aussagekräftig werden, wenn man tiefer nachfragt, um sie interpretieren zu können, so brauche auch ich noch weitere Anstöße bei meinem persönlichen Jahresrück-

blick. Vielleicht ist manchmal eine einzige Frage dafür schon ausreichend. So eine Frage könnte heißen:

»Was hat mein Leben in diesem Jahr reicher gemacht?« oder »Was hat sich in diesem Jahr bewegt?«

Ich kann aber auch anhand eines Begriffes, zu dem ich mir verschiedene Fragen überlege, rückblickend durch »mein« Jahr gehen. Zu dem Begriff der »Tür« könnten es Fragen wie diese sein:

Welche Türen haben sich mir im vergangenen Jahr geöffnet?

Welche Tür hat sich verschlossen?

Wer oder was hat bei mir im vergangenen Jahr angeklopft?

Wer oder was kam unverhofft?

Was hat sich im vergangenen Jahr zwischen Tür und Angel ereignet?

Über welche Schwelle bin ich im vergangenen Jahr gegangen?

Welches Leitwort möchte ich über meine Tür schreiben, wenn ich an das Jahr zurückdenke? →

Viele weitere Begriffe eignen sich für einen Jahresrückblick, wie z. B. Weg, Landkarte, Augenblick, Begegnung ... Ihnen werden welche einfallen. Seien Sie offen, Ihren »Jahresbegriff« mit passenden Fragen zu finden, anhand dessen Sie das zurückliegende Jahr entfalten mögen. Vor allem aber: Denken Sie nicht zu lange nach und seien sie spontan offen für das, was Ihnen einfällt bzw. zufällt.

Auch kann Sie ein Zitat zu einem Jahresrückblick inspirieren, wie z. B. das bekannte Zitat aus den Stundenbüchern von Rainer Maria Rilke: »Ich lebe mein Leben in wachsenden Ringen, die sich über die Dinge ziehn.« Mit jedem gelebten Jahr wächst ein neuer Jahresring. Der letzte Jahresring gehört immer erst noch zum anfälligen Splintholz, umgeben von der schützenden Borke. In trockenen Jahren bildet sich ein schmaler Wachstumsring. Breite Jahresringe zeugen von feuchten Jahren. Ich könnte mich fragen:

Was braucht momentan noch Schutz?

Was ist mir in diesem Jahr zugewachsen?

Welche Ereignisse haben mein Wachsen und Werden im vergangenen Jahr beeinflusst?

Was lag im vergangenen Jahr brach oder ruhte?

Gibt es Einkerbungen in meinem Holz?

Wie waren die äußeren Bedingungen im vergangenen Jahr?

Hat sich in diesem Jahr ein schmaler oder ein breiter Jahresring gebildet und wodurch?

Was macht meinen Jahresring einmalig?

Ich kann aber auch ressourcenorientiert auf das vergangene Jahr schauen. Das Wort »Ressource« kommt ja vom lateinischen Wort »resurgere« = wieder aufstehen oder auferstehen. Somit sind Ressourcen, so möchte ich es einmal formulieren, Kraftquellen, die mich auferstehen lassen und aus denen ich Kraft schöpfen und leben kann. Was davon spüre ich im vergangenen Jahr auf?

Welche Begegnungen waren im vergangenen Jahr stärkend und erfüllend?

Gab es »Kraftorte«, Orte, die mir Kraft gegeben haben?

Welche wichtigen Menschen gab es auf meinem Weg im vergangenen Jahr?

Gab es Situationen, die ich bewältigt habe?

Was waren die »Stabilisatoren«, wenn es Seegang gab?

Was hat mir im vergangenen Jahr Halt gegeben?

Was hat mich durchgetragen?

Was war mir wichtig?

Bei welchen Gelegenheiten habe ich Freude empfunden?

Was lässt mich mit Blick auf das vergangene Jahr dankbar sein?

Gab es einen Spruch, der mich im vergangenen Jahr begleitet hat, oder auch ein Motto?

Welche Ankerpunkte gab es?

Was stärkte mich im Glauben?

Entdecke ich einen roten Faden, der sich durch dieses Jahr gezogen hat?

Vor einigen Jahren waren im Adventskalender »Der Andere Advent« (Verein Andere Zeiten e. V., Hamburg 2008/2009) folgende Fragen für einen persönlichen Jahresrückblick zusammengestellt:

An welchen Traum erinnere ich mich?

Wer oder was hat mich wirklich überrascht?

Welche Person habe ich enttäuscht?

Welcher Streit ist gut ausgegangen?

Was habe ich verloren oder gefunden?

Welchen Wunsch habe ich mir erfüllt?

Welchem Vorsatz bin ich treu geblieben?

Welche neuen Freunde habe ich gewonnen?

Was war mein glücklichster Tag?

Was war mein traurigster Moment?

Was war mein größter Erfolg?

Was war meine bitterste Niederlage?

Worauf bin ich stolz?

Worin bin ich stärker geworden?

Welcher Abschied fiel mir schwer?

Was hat sich zum Guten gewendet?

Und zu guter Letzt: Haben Sie schon einmal einen »Geistlichen Jahresrückblick« gehalten? Dieser könnte in Bezug auf meinen Glauben Fragen wie diese beinhalten:

Was hat mich in meinem Glauben gestärkt?

Wo war Gott mir nahe?

Ist Gott mir begegnet?

Gab es etwas, was mich berührt hat?

Woran hatte ich zu knabbern?

Welcher Text war eine schwere Nuss für mich?

Habe ich Segen erfahren?

Wurde ich persönlich gesegnet?

Hatte ich einen geistlichen Ort?

Wie war es mit den Gottesdiensten?

Gab es ein geistliches Wort, das mich begleitet hat?

Gab es Texte, mit denen ich mich auseinandergesetzt habe?

Hat mich ein Wort, ein Text oder ein Lied »gefunden«?

Konnte ich mich in Gott bergen?

Habe ich mit Gott gerungen?

Wofür möchte ich Gott danken?

Was möchte ich in seine Hände legen?

Wofür möchte ich Gott an der Schwelle zum neuen Jahr um seinen Segen bitten?

So wünsche ich Ihnen Freude und Inspiration für Ihren persönlichen Jahresrückblick, der sich einschwingt in einen »Guten Beschluss«.

Petra Müller ist Diplompädagogin für Theologie und Erwachsenenbildung und leitet die Fachstelle Alter der Nordkirche.

DER BARMHERZIGE SAMARITER

Ein Projekt zur Begegnung zwischen »Fremden« und »Nachbarn«

Annegret Steinmeyer

Einführung ins Thema

Das Projekt, von dem ich berichten möchte, wurde bereits vor drei Jahren durchgeführt, hat aber an Aktualität nichts verloren …

Das Projekt »Der Barmherzige Samariter« wurde mit zwei unterschiedlichen Kindergruppen (sechs bis elf Jahre) gestaltet, die vorher noch keine Berührungspunkte miteinander hatten. Die Jungscharkinder der Kirchengemeinde Nordhastedt/Süderholm, Kirchenkreis Dithmarschen, leben am Stadtrand von Heide und beschäftigten sich regelmäßig mit Themen »rund ums Kirchenjahr«, nahmen an Kinder-Bibel-Wochen oder Familiengottesdiensten teil. Die anderen Kinder wohnen mit ihren Familien in der »Wohnanlage des Kommunal-Diakonischen-Wohnungsbaus« und sind Kinder, die bereits andere Situationen erleben mussten, wie beispielsweise Wohnungsnot, Armut, Migration und Arbeitslosigkeit der Eltern. Der Diakon vor Ort begleitet die Familien in ihrem Alltag und macht den Kindern unterschiedliche Angebote in der Freizeitgestaltung.

Theologische und Religionspädagogische Überlegungen

Ziel des Projektes war es, die unbekannte Kultur und Sozialisation der jeweils anderen Kindergruppe als gleichwertig kennen- und schätzen zu lernen und den Kindern unterschiedlicher Sozialisation und Kulturen durch Interaktionen wie z. B. das Spiel neue Wahrnehmungsräume zu schaffen und sie zum »Helfen« zu sensibilisieren.

Didaktisch-methodische Entscheidungen und Ablaufplanung

Zu berücksichtigen waren die unterschiedlichen religiösen Kenntnisse und Erfahrungen, die Herkunft der Kinder mit und ohne Kirchenzugehörigkeit, unterschiedliche Bildung und das Alter. Sie haben durch eigene Gestaltungsräume (Rollenspiel der Geschichte, Ausmalen der Zeichnung, Reflektie-ren eigener Gefühle in bestimmten Lebenssituationen, Gestalten der Geschichte mit Figuren und selbst gebastelter Landschaft) die Lebenswelt der jeweils anderen Kindergruppe erkundet. Die Betreuerinnen und Betreuer haben nach den wöchentlichen Einheiten den Prozess reflektiert und die Inhalte des Konzeptes neu abgestimmt, die beiden Teamerinnen waren sehr engagiert in diesem Projekt und haben eigene Ideen eingebracht.

Anfängliche Hemmungen aller Kinder, gemeinsam zu spielen, haben sich nach den ersten beiden Wochen gelöst. Sie haben spontan die Personen der Geschichte mit eigenen Situationen verglichen und darüber nachdenken können. Das szenische Spiel des Gleichnisses in diesen Gruppen war unproblematisch durchführbar und es gab verschiedene bewegende Momente, wenn die Kinder ihre Lebenswelt schilderten. Sie berichteten von Streitsituationen in der Schule, Ärger und Streit in der Familie und mit Freundinnen und Freunden. Die Kinder hatten keine Scheu, über ihre Lebenssituationen in Bezug zum Gleichnis zu erzählen. Sie waren während des Projektes eifrig und intensiv dabei. Einzelne (positive) Reaktionen der Eltern haben die Betreuerinnen und Betreuer beim Gottesdienst gehört. Die Eltern der Kinder aus der »Wohnanlage« sind beim Gottesdienst vereinzelt dabei gewesen.

Der Zeitrahmen des Projektes betrug sieben Wochen plus des abschließenden Familiengottesdienstes.

Durchführung:
Die Einheiten wurden abwechselnd in der Kirchengemeinde und im Gemeinschaftsraum der Wohnanlage angeboten.

1. Woche: Kennenlernen in der Kirchengemeinde (Spiele, Waffeln backen, Globus → Wo komme ich her?): Die Kinder erkundeten auf dem Globus ihren Herkunftsort und erzählten von ihren Familien und ggf. den Gründen der Einreise nach Deutschland. Erste, spürbare Hemmungen wurden durch das gemeinsame Spiel und Kaffeetrinken schnell abgebaut.

2. Woche: Kennenlernen in der Wohnanlage (Spiele, Erstes Kennenlernen des Gleichnisses Lk 10,25–37, Lesung einer vergleichbaren Geschichte aus dem Koran). Die Mutter →

eines Kindes las aus dem Koran eine Geschichte vor, die für die Jungscharkinder fremd war. Sie lernten Süßigkeiten der muslimischen Kinder kennen.

3. Woche: Kurzfilm (10 Min.): Barmherziger Samariter und das Gleichnis szenisch spielen. Die Kinder näherten sich dem Text in gemischten Kleingruppen an. Sie stellten einzelne Situationen szenisch dar und konnten in geschütztem Raum erste Erfahrungen aus ihrer Lebenswelt erzählen und einen Bezug zum Gleichnis herstellen.

4. Woche: Barmherziger Samariter als (Vertiefung) szenisches Spiel darstellen, die Kinder erzählen weiter aus ihrer Lebenswelt.

5. Woche: Landkarte zur Zeit Jesu zeigen und erklären; aus Kartons die Landschaft basteln. Anhand der Landkarte wurden der Ort und das Geschehen sehr präsent. Dabei erzählen die Kinder aus ihrer Heimat und berichten »im Spiel« über einzelne Situationen. Themen waren u. a. Flucht, Angst, Sprachbarrieren, Kind: »Ich bin hier auch Ausländerin.« Die dritte bis fünfte Woche war sowohl für die Kinder als auch für die Betreuerinnen und Betreuer emotional eine intensive und bewegende Zeit.

6. Woche: Landschaft fertig stellen, die Geschichte mit den Figuren spielen; Öffentlichkeitsarbeit: Besuch der Öffentlichkeitsbeauftragten des Kirchenkreises, Notfallbeutel für Kinder basteln – Inhalt: Pflaster, Kindernotrufnummer, Taschentuch

7. Woche: Bezug des Gleichnisses (Verletzter, Priester, Samariter) zum heutigen Alltag der Kinder herstellen, Umrisse der drei Personen auf Papierrolle zeichnen (liegend, gehend, kniend) und Überlegungen zu den Empfindungen der Personen als Verletzter »am Boden liegend«, als Vorbeigehender und Helfender. Gefühle der Kinder siehe unten, Gottesdienstvorbereitung (z. B. Formulierung der Fürbitten durch die Kinder).

Folgender Sonntag: Familien-Gottesdienst; Kollekte für obdachlose Erwachsene, die in der Heider Notunterkunft ankommen.

Annegret Steinmeyer ist Diakonin und Klinikseelsorgerin im Westküstenklinikum Heide.

GOTTESDIENSTABLAUF:

Begrüßung mit Votum
Lied: Gottes Liebe ist so wunderbar (Bewegungslied)
Psalm 91: (Lutherübersetzung) mit Kehrvers
Lied: Kindermutmachlied
Kollektengebet
Lied: Gib uns Ohren, die hören (Kanon, 3x gesungen)
Lesung: Lk 10,25–37
Die Kinder stellen während der frei erzählten Lesung ihre gebastelten Figuren in das Landschaftsbild.
Lied: »Ein Mann ging von Jerusalem«
Predigt: Lk 10,25–37
Die Predigt wurde frei formuliert. Während der Predigt legten die Kinder die Plakate mit den Figuren »Verletzter«, »Levit/Priester« und »Samariter« dazu.
Lied: Wir wollen aufstehen, aufeinander zugehen, voneinander lernen
Abkündigungen
Fürbitten: von den Kindern formuliert
(Teamerin) Guter Gott, Du hast unsere Herzen und Sinne für unsere Nächsten geweitet. Viele Menschen auf der Welt erfahren Gewalt und Fremdenhass. Wir bitten Dich, sei Du bei ihnen.
(Kind 1) Lieber Gott, wir bitten Dich, dass nicht mehr so viele Menschen verprügelt werden.
(Kind 2) Lieber Gott, wir bitten Dich, dass die Menschen nicht mehr in Not sind und nicht mehr traurig sind.
(Kind 3) Lieber Gott, wir bitten Dich, dass alle Menschen den Menschen, ihren Nächsten,
mehr helfen.
(Diakonin) Zuversichtlich hoffen wir auf Dich, Gott. Du liebst uns und willst uns schützen. Bei Dir finden wir Zuflucht; denn Du hast Deinen Engeln befohlen, dass sie uns behüten auf allen unseren Wegen. Amen.
Vaterunser
Lied: Sei behütet auf deinen Wegen (Clemens Bittlinger)
Segen

Durchführung 7. Woche: Die Kinder haben versucht, sich in die verschiedenen Positionen hineinzuversetzen und die Körperhaltungen der Figuren auf das Plakat gemalt. Dabei haben wir ausführlich über ihre eigene Lebenswelt gesprochen. Diese Einheit war sehr intensiv und brauchte neben einer guten Vorbereitung der Betreuerinnen und Betreuer ausreichend Zeit. Die beschriebenen Gefühle wurden nach dem Wortlaut der Kinder notiert – Verletzter: (liegende Position): Allein, einsam, verletzt, schlecht, schrecklich, wütend, verlassen, ängstlich; Priester/Levit: (gehende Position): ängstlich, komisch, gemein, fies, schuldig; Samariter: (hockende Position): ängstlich, zufrieden, glücklich, cool, toll, traurig, fröhlich, super

Literatur

Dechand, Susanne (2008): Die Liebe zu Gott stärkt Menschen zum grenzüberschreitenden Helfen, in: Praxis Gemeindepädagogik 02/2008.
Raguse, Hartmut (1995): Überlegungen zur Geschichte vom »Barmherzigen Samariter« aus psychoanalytischer Sicht, in: Lernort Gemeinde, 02/1995.
Wolff-Steger, Anke (1995): Der barmherzige Samariter, Exegese von Lukas 10,25–37, in: Lernort Gemeinde, 02/1995.
Zeitungsartikel in der Dithmarscher Landeszeitung: http://kirche-dithmarschen.de/jeder-ist-mein-nachster/

Zukunft gemeindepädagogischer und diakonischer Berufe in der evangelischen Kirche

Arbeitskreis »Gemeindepädagogik« beschäftigt sich unter der Überschrift »Theologie kirchlicher Berufe« auf dem 12. Gemeindepädagogischen Symposium 2015 mit dem EKD-Grundlagentext »Perspektiven für diakonisch-gemeindepädagogische Ausbildungs- und Berufsprofile«

Der Arbeitskreis Gemeindepädagogik e. V. ist der Zusammenschluss der wissenschaftlich an Themen der Gemeindepädagogik Arbeitenden im deutschsprachigen Raum. Zu seinem 12. Symposium vom 10. bis 12. März 2015 hat sich der Arbeitskreis ausführlich mit dem EKD-Text 118 »Perspektiven für diakonisch-gemeindepädagogische Ausbildungs- und Berufsprofile« befasst und nimmt dazu folgendermaßen Stellung:

Wir begrüßen es, dass die EKD die Ausbildungs- und Studiengänge im diakonisch-gemeindepädagogischen Handlungsfeld mit Blick auf ein gemeinsames Verständnis diskutiert und reflektiert. Wir sind mit dem Dokument davon überzeugt, dass es eine aktuelle Aufgabe ist, die gemeindepädagogisch-diakonischen Berufe attraktiv zu halten und professionstheoretisch zu stärken. Dafür sind die Durchlässigkeit der Bildungs- und Anerkennungswege, eine Mobilität zwischen den Landeskirchen und Anstellungsträgern sowie eine Klarheit bezüglich der Berufsbilder wesentliche Voraussetzungen. Mit dem EKD-Text 118 ist es erstmalig gelungen, die Vielfalt hinsichtlich der Berufsprofile (S. 31–40), der rechtlichen und institutionellen Rahmenbedingungen (S. 83–87+Anhang), der Ausbildungsniveaus und deren historischem Gewordensein (S. 54–81) abzubilden sowie Ähnlichkeiten und Unterschiede zwischen den diakonischen und gemeindepädagogischen Ausbildungs- und Studiengängen zu benennen. Es stellt sich jedoch die Frage, ob die Trias von »Bilden – Unterstützen – Verkündigen« als Modi der Kommunikation des Evangeliums und als Kernaktivitäten dieser Berufsgruppen nicht doch unterschiedliche Entwicklungen der einerseits schwerpunktmäßig pädagogischen und der andererseits schwerpunktmäßig sozialen Berufsfelder erfordert, statt sie unter ein theologisch-politisches Dach zu zwingen.

Bereits die EKD-Berufsbildungsordnung für gemeindebezogenen Dienst von 1996 hatte den Gliedkirchen der EKD als einheitliche Berufs-, Amts- und Anstellungsbezeichnungen »Diakonin/Diakon bzw. Gemeindepädagogin/Gemeindepädagogen« vorgeschlagen, das akademische Ausbildungsniveau mit »Fachhochschulstandard« definiert, die Doppelqualifikation vorgesehen, verbindliche Fortbildungen als Maßnahmen der Personalentwicklung angeregt sowie eine Anerkennung von Ausbildungs- und Studienabschlüssen gefordert, um einen EKD-weit durchlässigen Arbeitsmarkt und einen Wechsel zwischen den Landeskirchen zu ermöglichen. Viele dieser Forderungen sind auch knapp 20 Jahre später noch aktuell und werden im EKD-Text 118 unter den Rahmenbedingungen der Bologna-Reform modifiziert.

Vor dem Hintergrund gegenwärtiger kirchentheoretischer Debatten sind die Überlegungen zur Interprofessionalität (S. 47) weiterzuentwickeln hin zu einem Gesamtkonzept kirchlicher Berufe (Theologie kirchlicher Berufe). In diese Überlegungen ist die Bedeutung des freiwilligen Engagements einschließlich einer Theologie des Ehrenamts einzubeziehen.

Die Zuordnung von Dienst, Amt und Ordination ist mit Blick auf die diakonisch-gemeindepädagogischen Berufe weiter zu klären. Kirche als Gemeinschaft von Zeugnis und Dienst bewährt sich darin, inwieweit mitunter widerstreitende Interessen von Berufsgruppen und Einrichtungen offen ausgetragen werden.

➜

IMPRESSUM

PRAXIS GEMEINDEPÄDAGOGIK (PGP)

ehemals »Christenlehre/Religionsunterricht–PRAXIS«
ehemals »Die Christenlehre«

68. Jahrgang 2015, Heft 4

Herausgeber:
Amt für kirchliche Dienste in der Evangelischen Kirche
Berlin-Brandenburg-schlesische Oberlausitz
Pädagogisch-Theologisches Institut der Nordkirche
Theologisch-Pädagogisches Institut der
Evangelisch-Lutherischen Landeskirche Sachsens
Pädagogisch-Theologisches Institut der Evangelischen Kirche in
Mitteldeutschland und der Evangelischen Landeskirche Anhalts

Anschrift der Redaktion:
Matthias Spenn, c/o Evangelische Verlagsanstalt GmbH,
»PGP-Redaktion«, Blumenstraße 76, 04155 Leipzig,
E-Mail ‹redaktion@praxis-gemeindepaedagogik.de›

Redaktionskreis:
Dr. Lars Charbonnier, Führungsakademie für Kirche und Diakonie,
Berliner Dom – Portal 12, Am Lustgarten, 10178 Berlin
Uwe Hahn, Ev.-Luth. Kirchenbezirk Leipzig, Dienststelle des
Bezirkskatecheten, Burgstraße 1–5, 04109 Leipzig
Petra Müller, Fachstelle Alter der Ev.-Luth. Kirche
in Norddeutschland, Gartenstraße 20, 24103 Kiel
Matthias Röhm, Amt für kirchliche Dienste in der Ev. Kirche Berlin-
Brandenburg-schlesische Oberlausitz, Goethestraße 26–30, 10625 Berlin
Dorothee Schneider, PTI der Ev. Kirche in Mitteldeutschland und der
Landeskirche Anhalts, Zinzendorfplatz 3, 99192 Neudietendorf
Matthias Spenn, Amt für kirchliche Dienste in der Ev. Kirche Berlin-
Brandenburg-schlesische Oberlausitz, Goethestraße 26–30, 10625 Berlin
Christine Ursel, Diakonisches Werk Bayern – Diakonie.Kolleg.,
Pirckheimerstraße 6, 90408 Nürnberg

Redaktionsassistenz: Sophie Koenig, Evangelische Verlagsanstalt GmbH

Verlag: EVANGELISCHE VERLAGSANSTALT GmbH,
Blumenstraße 76, 04155 Leipzig, www.eva-leipzig.de
Geschäftsführung: Arnd Brummer, Sebastian Knöfel

Gestaltung/Satz: Jens Luniak, Evangelisches Medienhaus GmbH

Druck: Druckerei Böhlau, Ranftsche Gasse 14, 04103 Leipzig

Anzeigen: Rainer Ott · Media | Buch- und Werbeservice,
PF 1224, 76758 Rülzheim, Tel. (0 72 72) 91 93 19,
Fax (0 72 72) 91 93 20, E-Mail ‹ott@ottmedia.com›
Es gilt die Anzeigenpreisliste Nr. 11 vom 1.1.2012

Abo-Service: Christine Herrmann, Evangelisches Medienhaus GmbH, Telefon (03 41) 7 11 41 22, Fax (03 41) 7 11 41 50,
E-Mail ‹herrmann@emh-leipzig.de›

Zahlung mit Bankeinzug: Ein erteiltes Lastschriftmandat (früher
Einzugsermächtigung genannt) bewirkt, dass der fällige Abo-Beitrag
jeweils im ersten Monat des Berechnungszeitraums, in der letzten
Woche, von Ihrem Bankkonto abgebucht wird. Deshalb bitte jede Ände-
rung Ihrer Bankverbindung dem Abo-Service mitteilen. Die Gläubiger-
Identifikationsnummer im Abbuchungstext auf dem Kontoauszug zeigt,
wer abbucht – hier das Evangelische Medienhaus GmbH als
Abo-Service der PRAXIS GEMEINDEPÄDAGOGIK.
Gläubiger-Identifikationsnummer: DE03EMH00000022516

Bezugbedingungen: Erscheinungsweise viermal jährlich, jeweils im
1. Monat des Quartals. Das Jahresabonnement umfasst die Lieferung
von vier Heften sowie den Zugriff für den Download der kompletten
Hefte ab 01/2005. Das Abonnement verlängert sich um 12 Monate,
wenn bis zu einem Monat vor Ende des Kalenderjahres keine
Abbestellung vorliegt.

Bitte Abo-Anschrift prüfen und
jede Änderung dem Abo-Service mitteilen.
Die Post sendet Zeitschriften nicht nach.

ISSN 1860-6946
ISBN 978-3-374-04192-3

Preise:
Jahresabonnement* (inkl. Zustellung):
    Privat: Inland € 36,00 (inkl. MwSt.),
          EU-Ausland € 42,00, Nicht-EU-Ausland € 46,00;
Institutionen: Inland € 44,00 (inkl. MwSt.),
          EU-Ausland € 50,00, Nicht-EU-Ausland € 54,00;
Rabatte – gegen jährlichen Nachweis:
Studenten 35 Prozent; Vikare 20 Prozent;
Einzelheft (zuzüglich Zustellung): € 12,00 (inkl. MwSt.)
         * Stand 01.01.2014, Preisänderungen vorbehalten

Unsere nächste PGP-Ausgabe erscheint im Januar 2016.

Diakonisch-gemeindepädagogische Ausbildungsprofile sind über das Niveau 6 (a/b) des DQR hinaus so fortzuentwickeln, dass über weitere Qualifizierungen eine wissenschaftliche Laufbahn möglich ist.

Mit Blick auf die diakonisch-gemeindepädagogisch-theologische Kompetenz ist besonders auf die Kommunikationsfähigkeit abzuheben. Aus diesem Grunde muss in Ausbildung, in berufsgruppenübergreifenden Aus- und Weiterbildungsmodulen sowie in beruflicher Tätigkeit ausreichend Gelegenheit zur Einübung einer kommunikativen Praxis mit Vertretern anderer kirchlicher Berufe und mit Haupt- und Ehrenamtlichen gegeben werden. Ziel ist es, ein gegenseitiges Verständnis zu fördern und die Gemeindeleitung in einem Team aus verschiedenen kirchlichen Berufen zu gestalten. In der Gemeindepädagogik wird hierfür von einer Gemeinschaft in Zeugnis und Dienst von allen in der Kirche Tätigen gesprochen. Ein tragfähiges Zukunftskonzept der EKD wird hier das notwendige Miteinander der kirchlichen Berufsgruppen aus Theologen, Pädagogen, Musikern, Diakonen und Verwaltungskräften (incl. Juristen) u. a. sowie von Haupt- und Ehrenamtlichen weiterzuentwickeln haben.

Das im EKD-Text 118 ins Auge gefasste Spektrum der kirchlichen Ausbildungs- und Berufsprofile ist auf das gesamte diakonisch-gemeindepädagogische Handeln (z. B. Pflege, Bildung in der frühen Kindheit, Beratung) zu erweitern.

Professionelles berufliches Handeln im Raum der Kirche gewinnt Profil durch Professionen und berufliche Standards, die diesen Tätigkeiten zugeordnet sind.

Mit Blick auf die berufsbezogene Handlungskompetenz und deren Ausdifferenzierung in pädagogische, diakonische und theologische Schwerpunktkompetenzen (S. 46–53) gilt es zu verdeutlichen, wie sie praktisch ausgebildet werden und überprüft werden können. Ferner bedarf es der Klärung, in welchem Verhältnis die hier aufgeführten Fähigkeiten und Fertigkeiten zu den – zum Teil ähnlich lautenden – Kompetenzbeschreibungen der Gemischten Kommission für die Reform des Theologiestudiums/Fachkommissionen I und II für Pfarrer und Religionslehrkräfte stehen.

Wir sind als Arbeitskreis Gemeindepädagogik e. V. gerne bereit, uns in die Zukunftsdebatte der diakonisch-gemeindepädagogischen Berufsprofile einbinden zu lassen. Eine institutionalisierte Möglichkeit bieten dazu die von uns gestalteten gemeindepädagogischen Symposien.

Wir regen darüber hinaus an, regelmäßig EKD-weite Konsultationsveranstaltungen und Hearings unter Beteiligung von Vertreterinnen und Vertretern aus Kirche und Diakonie, der Evangelischen Hochschulen für angewandte Wissenschaften und der Fachschulen, aus pädagogischen, sozialarbeiterischen, diakonischen und pflegerischen Berufen durchzuführen.

Wir begrüßen die Einrichtung einer »Gemischte Fachkommission für die Ausbildung im diakonischen und gemeindepädagogischen Bereich« als wichtigen institutionellen Ort innerhalb der EKD, an dem die von uns aufgeworfenen Fragen weiter bedacht werden können.

ARBEITSKREIS
GEMEINDEPÄDAGOGIK E. V.

Vorstand: Prof. Dr. Peter Bubmann,
Oberkirchenrätin Prof. Dr. Hildrun
Keßler und Dr. Christian Mulia

Kontakt und Information:
http://www.ak-gemeindepaedagogik.de

Literatur

Kirchenamt der EKD (Hrsg): Perspektiven für
diakonisch-gemeindepädagogische Ausbildungs-
und Berufsprofile. Tätigkeiten – Kompetenzmodell –
Studium, EKD-Texte 118, 2014 –
http://www.ekd.de/EKD-Texte/ekd_text118.html.

Christine Axt-Piscalar/Mareile Lasogga: Dimensionen
christlicher Freiheit. Beiträge zur Gegenwartsbedeutung der
Theologie Luthers, Leipzig: Evangelische Verlagsanstalt 2015,
228 Seiten, ISBN 978-3-374-03931-9, € 19,80

Wer vom Reich Gottes spricht, wird auch
über Freiheit sprechen. Über die Freiheit,
die dem Menschen aus dieser Verheißung
erwächst. Auch für Martin Luther war
das ein Kernthema. Dass seine Gedanken auch gegenwärtig relevant sind, wird
im Anmarsch auf das Reformationsjubilä-
um 2017 an vielen Stellen zu zeigen versucht. So auch im von der Göttinger Sys-
tematischen Theologin Prof. Dr. Christine
Axt-Piscalar und der für theologische Grundsatzfragen zu-
ständigen Oberkirchenrätin Dr. Mareile Lasogga aus dem
Kirchenamt der VELKD herausgegebenen Band »Dimensionen christlicher Freiheit. Beiträge zur Gegenwartsbedeutung der Theologie Luthers«, in dem »Luthers Einsichten und
das genuine Anliegen der Reformation ins Gespräch mit der
Selbst- und Welterfahrung des modernen Menschen« (Um-
schlag) gebracht werden sollen. Wer selbst beispielsweise in
Unterricht und Gottesdienst zu diesen Themen etwas sagen
möchte, wird neugierig zu diesem Buch greifen, in dankba-
rer Erwartung für gute Anregungen.

Um es kurz zu fassen: Das Erreichen dieses Ziels gelingt
nur bedingt. Leider, denn in der Tat besteht die große Aufgabe im Zuge der 500-Jahr-Feierlichkeiten darin, die Relevanz
dieses Ereignisses über die historische Rekonstruktion von
Entwicklungslinien hinaus für heute und am liebsten auch
morgen aufzuzeigen. In diesem Buch gelingt das schon deshalb kaum, weil der Ausgangspunkt der Überlegungen in der
Regel allein Luthers Schriften sind, von denen aus dann Li-
nien gezogen werden bis in die Gegenwart, die als Wirkungs-
geschichte die Bedeutung deutlich machen. Die veränderten,
zum Teil Grundlagen des Nachdenkens über die Welt, den
Menschen und seine Religion umwälzenden Ansichten, die
seit Luther diskutiert werden, werden dabei aber eher selten
direkt beschieben – längere Auslassungen darüber, wie denn
überhaupt heute Freiheit und menschliches Leben verstanden und im Zusammenhang von Religion gedacht oder gar
gelebt werden und wie man von diesen aus mit Erkenntnis-
gewinn auf Luthers Werk zurückschauen kann, finden sich
nur in Ansätzen, so in Notger Slenczkas Beitrag »Freiheit
von sich selbst Freiheit im Dienst« und Rochus Leonhardts
Beitrag »Unfreiheit und Freiheit«. Im Gros der Beiträge ver-
bleibt m.E. die Rede von der Relevanz für die Gegenwart im
Modus der vorsichtigen Frage, der Behauptung oder gar der
Forderung – in manchen Beiträgen ist das Wort »soll(en)« das
am häufigsten verwendete im Text.

Damit sei nun nicht gesagt, dass das Buch nicht lesenswert ist. Im Gegenteil: Alle sieben Beiträge zeugen von der
hohen Sachkompetenz ihrer Autorinnen und Autoren und beschreiben interessant und nachvollziehbar und auch in ihrer
Kritik an Luther differenziert sein Denken über die christliche Freiheit in ihren verschiedenen Dimensionen. Damit erfüllen die Beiträge das andere, ebenfalls selbst formulierte
Ziel des Bandes, wie es in der Einleitung heißt: »Dass es ein
Beitrag sein sollte, der einer breiteren Leserschaft zentrale
Texte Luthers auf das in ihnen entfaltete Freiheitsverständ-
nis erschließen soll.« (11)   *Lars Charbonnier*

Detlef Lienau: Religion auf Reisen. Eine empirische Studie
zur religiösen Erfahrung von Pilgern, PThK24,
Freiburg i. Br.: Herder 2015,
448 S., ISBN 978-3-451-61356-2, € 48,00

Spätestens seit Hape Kerkeling »dann mal
weg« war, gilt das Pilgern wieder als sa-
lonfähige Weise der Auseinandersetzung
mit sich selbst, der Welt und dem, was
diese zusammenhält. Auch die evangelischen Kirchen haben das entdeckt und in
den letzten Jahren selbst zu einer Wieder-
belebung des Pilgerwesens beigetragen.
Der badische Pfarrer Detlef Lienau, selbst
Pilgerführer auf dem Jakobsweg, hat sich
dieses Phänomens in einem sehr umfassenden Maße im Rahmen seiner Dissertation angenommen. Mithilfe qualitativer
Interviews erforscht er die religiösen Erfahrungen von Pilgern und bringt ebenso aufschlussreiche wie anschauliche
Erkenntnisse zum Vorschein.

Lesenswert ist das Buch vor allem deshalb, weil Liebau
seine Forschung in einen breiten theoretischen Diskurs über
Religion und Spiritualität der Gegenwart stellt. In diesem
Diskurs und vor dem Hintergrund leibphänomenologischer
Überlegungen widmet er sich dem Pilgern, zunächst in der
Durchsicht der wissenschaftlichen (ritualtheoretischen, theologischen, soziologischen, anthropologischen und ethnologi-
schen) und – sehr anregend – belletristischen Literatur (neben Kerkeling etwa Coelho und MacLaine) und dann in der
Erforschung der subjektiven Erfahrungsräume von Pilgern
selbst. Hier entdeckt er vier Dimensionen, die für die Pilger
von besonderer Relevanz sind: eine tranformatorische Wirkung, die Integration in vorgegebene Rollen, die Erfahrung
der Selbstüberschreitung und die Erfahrung der Stimmigkeit
von Sinnlichkeit und Sinn. In der Analyse des Interviewma-
terials wird dabei deutlich, dass die individuelle Ausgestal-
tung der Erfahrung des Pilgerns und seiner Deutung indivi-
duiert ist, ohne dabei individualisiert zu sein, dass also selbst
eine subjektivierte Religion immer in soziale Kommunikation einbezogen bleibt – sei es im Rahmen konkreter Mitpilge-
rinnen oder im Rahmen medialer Vorbilder.

So steht am Ende von Lienaus Studie die Erkenntnis, dass
die »Expansion des Pilgerns (…) ein Beleg für eine vitale religiöse Kultur« (436) ist und dass es den Kirchen deshalb gut zu
Gesicht stünde, nicht nur diese »Eigenaktivität der Menschen
zu unterstützen«, sondern das Pilgern »als adäquate Form
christlichen Glaubens lebendig zu halten« (437). Zum einen,
weil es viele inhaltliche Anknüpfungspunkte gibt, etwa an die
christliche Anthropologie, an das Nachdenken über Biografi-
en und ihre Dynamik, über das eigene Gottesverhältnis oder
die eschatologische Vorstellung des Lebens als Reise auf ein
Ziel. Zum anderen aber auch, weil das Pilgern für die Kirche
als »interessantes Übungsfeld (betrachtet werden kann, LC),
sich auf den religionskulturellen Wandel einzustellen« (437).
Wer dieses Buch liest, wird davon dann weit über das Pilgern
hinaus einiges verstanden haben.   *Lars Charbonnier*